L'ordonnateur saisi par la Chambre des comptes de la Cour suprême du Cameroun

Mathias METENBOU

L'ordonnateur saisi par la Chambre des comptes de la Cour suprême du Cameroun

Préface de Célestin SIETCHOUA DJUITCHOKO

L'Harmattan
Cameroun

L'Harmattan, 2025
5-7, rue de l'Ecole-Polytechnique - 75005 Paris
http://www.editions-harmattan.fr
ISBN : 978-2-336-55190-6
EAN : 9782336551906

SOMMAIRE

PRINCIPALES ABRÉVIATIONS

AJDA :	Actualité juridique, Droit administratif
ARMP :	Agence de Régulation des Marchés publics
ART :	Agence de Régulation des Télécommunications
CDBF :	Conseil de Discipline budgétaire et financière
CEMAC :	Communauté économique et monétaire de l'Afrique centrale
CS/CDC :	Cour suprême/Chambre des Comptes
CHAGRI :	Chambre d'Agriculture, de l'Élevage et des Forêts du Cameroun
CNPS :	Caisse nationale de la Prévoyance sociale
CONSUPE :	Contrôle supérieur de l'État
Ibidem :	Au même endroit
LGDJ :	Librairie générale de Droit et de Jurisprudence
MINFI :	Ministère des Finances
n°:	Numéro
ONCC :	Office National du Cacao et du Café
Op. cit. :	Opere citato (ouvrage cité)

p. :	Page
PUF :	Presses universitaires de France
ISC :	Institution supérieure de Contrôle des Finances publiques
RA :	Revue administrative
RADPS :	Revue africaine de Droit et de Science politique
RAFP :	Revue africaine de Finances publiques
RASJ :	Revue africaine des Sciences juridiques
RFFP :	Revue française de Finances publiques
RJPE :	Revue juridique et Politique des États francophones
RSF :	Revue de Science financière
SEMRY :	Société d'Expansion et de Modernisation de la Riziculture de Yagoua

PRÉFACE

La reprise en main de l'ordonnateur par la Chambre des comptes de la Cour suprême relève de l'inédit, presque du miracle. Qui n'a pas entendu parler de l'arrêt du 15 février 2024, *commune de Ngomedzap* ? Pour la première fois, les Sections réunies de la Chambre des comptes de la Cour suprême y ont affirmé la compétence de la Haute juridiction financière à connaître de la faute de gestion de l'ordonnateur. Cette orientation récente du contrôle de la Chambre des comptes sur l'ordonnateur, adossée notamment à la loi n° 2018/012 du 11 juillet 2018 portant régime financier de l'État et des autres entités publiques, est apparue opportunément dans son rapport annuel 2018. Elle a également été mise en évidence dans les rapports annuels ultérieurs, comme la plaque signalétique de ce tournant historique marquant un changement dans ses fonctions. En effet, non seulement aucun rapport annuel de la Chambre des comptes n'avait fait état, jusqu'à cette date, de sa compétence sur l'ordonnateur, mais encore elle ne s'était pas déclarée compétente pour connaître de la faute de gestion. Certes, en s'adjugeant la compétence sur la faute de gestion de l'ordonnateur, la Chambre des comptes interroge. Le droit public financier comparé offre ici d'utiles enseignements. En France, par exemple, la sanction de la discipline budgétaire et financière des ordonnateurs relève d'un autre juge, en l'occurrence le Conseil de Discipline budgétaire et financier. Si, d'autre part, on considère que le contentieux des comptes ressortit à la Cour des comptes, on s'explique le tracé qui sépare les deux juridictions financières. Le Cameroun a fait le choix inverse en réalisant l'unification de ces deux blocs de compétences au sein de la Chambre des comptes conformément à la Constitution et à la Directive CEMAC du 19 décembre 2011 relative aux lois de finances, ce qui achève de conférer un particularisme certain à notre juridiction financière. Ces normes supérieures constituent, pour ainsi dire, le creuset d'où découle la compétence, si essentielle, de la Haute juridiction des comptes, qui statue sur les comptes des comptables, comme elle l'a toujours fait, mais aussi sur la faute de gestion de l'ordonnateur, comme cela a été annoncé. En effet, c'est en affirmant sa compétence pour connaître de la faute de gestion de l'ordonnateur que la Chambre des comptes a réussi à corriger le déséquilibre de l'organisation de sa compétence initiale limitée par le législateur, au contrôle et au jugement des comptes des comptables publics.

Toutefois, décrire cette transformation de manière fidèle nécessite de prendre en compte toutes les actions de la Chambre des comptes qui l'ont précédée dans le temps. Ces actions antérieures constituent en effet le levier de cette évolution, bâtie pas à pas. Monsieur Mathias METENBOU s'engage dans une démarche exhaustive en s'appuyant sur les décisions de la Chambre des comptes sous forme d'arrêts, de rapports et d'avis. C'est l'aspect central de l'ouvrage qu'il propose et qui est révélé dans son titre évocateur. C'est par cette dynamique qu'il souhaite mettre en évidence les liens actuels entre la Chambre des comptes et l'ordonnateur.

L'auteur postule que l'ordonnateur est sous le contrôle de la Chambre des comptes depuis une dizaine d'années environ. En effet, la relation de l'ordonnateur avec la Chambre des comptes n'étant pas fermée, elle s'intègre dans la dynamique à l'œuvre au sein de la Haute juridiction. Vouloir établir la dynamique de l'ordonnateur et de la Chambre des comptes, en ce sens, c'est répondre à toutes les attentes et les attentions que le processus requiert. En effet, bien qu'elle n'était pas en service et ne pouvait pas faire connaître son opinion sur la loi n°2003/005 du 21 avril 2003 fixant les attributions, l'organisation et le fonctionnement de la Chambre des comptes, qui l'a privé de sa compétence pour connaître de la faute de gestion, la Chambre des comptes s'est constamment appuyée sur cette loi pour appréhender l'ordonnateur.

Je dois maintenant donner des explications sur l'articulation de cet ouvrage.

L'auteur a noté que la Chambre des comptes a entrepris un examen approfondi pour surveiller l'ordonnateur depuis de nombreuses années, malgré la limitation de sa compétence imposée par le législateur. De plus, son renforcement dans la discipline de l'ordonnateur semble indiquer sa détermination à s'engager pleinement dans cette voie. De là, l'importance du chapitre 1 qui tente de décrypter cette volonté de la Haute juridiction de soumettre l'ordonnateur à des contrôles.

Il donne ensuite dans un deuxième chapitre un aperçu complet des matières grâce auxquelles la Chambre des comptes engage la responsabilité de l'ordonnateur en puisant dans les ressources de la loi.

Mais, si le contrôle de la Chambre des comptes s'inscrit dans le cadre du contentieux des comptes, son activité administrative n'en permet pas moins de se saisir de l'ordonnateur. Pour cela, la Haute juridiction privilégie le dialogue avec l'ordonnateur pour parvenir à ses fins. Le troisième chapitre est consacré à ce dialogue particulier dont il expose les modalités dans le cadre du contrôle de gestion.

L'auteur présente dans le quatrième chapitre l'affirmation de la Chambre des comptes à connaître de la faute de gestion de l'ordonnateur ; il réexamine l'arrêt des

Sections réunies du 15 février 2024 suscité, en montrant qu'il est moins un épilogue que le début d'une nouvelle ère pour la Chambre des comptes.

À ce stade, l'on voit poindre en toile de fond la responsabilité autonome de l'ordonnateur pour faute de gestion. Mais, tout cela demande du temps, voire même une réforme législative, pour permettre à la Chambre des comptes de passer ce nouveau cap dans son contrôle et sa sanction de l'ordonnateur. C'est dans cet esprit que la conclusion est l'occasion pour l'auteur d'indiquer les limites entrevues et anticiper sur les évolutions possibles en proposant des solutions.

Telle est la quintessence de l'ouvrage que M. Mathias METENBOU, m'a soumis. Mes préférences anciennes pour tout sujet concernant la Chambre des comptes ne pouvaient qu'être aiguisées par le travail abattu par notre jeune auteur, dont je salue l'audace et la vision. Je serai heureux que cet ouvrage, le premier issu de l'École des finances publiques que j'ai créée à l'Université de Dschang, parfois dans des conditions difficiles, puisse contribuer à la connaissance de cette mutation très importante de la Chambre des comptes. Cette institution, qui est connue pour garantir la transparence et la bonne gouvernance des finances publiques, intéressera non seulement les magistrats financiers, les professeurs de droit et les étudiants, mais aussi les ordonnateurs, dont il faut toujours garder à l'esprit qu'ils sont les premiers concernés.

Célestin SIETCHOUA DJUITCHOKO

Professeur Titulaire des Universités
Faculté des Sciences juridiques et politiques
Université de Dschang.

INTRODUCTION

Le moment semble venu, compte tenu de la relance du débat sur l'organisme compétent pour connaître de la faute de gestion de l'ordonnateur, ainsi que des contradictions dans les opinions et la position exprimée par la Chambre des comptes de la Cour suprême, d'appeler à une révision du long cheminement méconnu de la Haute juridiction qui l'a mené à ce stade.

De plus, contrairement à une idée fausse répandue qui laisse croire que la Chambre des comptes, connue pour juger les comptables publics, s'est prononcée pour la première fois sur l'ordonnateur dans l'arrêt des Sections réunies du 15 février 2024 de la *Commune de Ngomendzap*[1], cet arrêt marque plutôt une étape décisive dans l'évolution du processus sur l'ordonnateur menée avec détermination par les juges de la Chambre des comptes.

L'habilitation générale conférée par la Constitution selon laquelle *« la Chambre des comptes est compétente pour contrôler et statuer sur les comptes publics et ceux des entreprises publiques et parapubliques*[2] *»* a constitué une assurance pour la Haute juridiction pour juger un jour la faute de gestion de l'ordonnateur, bien que le législateur ait volontiers restreint sa compétence au contrôle et au

---

[1] Arrêt n°01/CDC/CSC/SR/DBF du 15 février 2024, Commune de *Ngomedzap,* Commentaire LEKENE DONFACK (C-E) et WOAMBE (B), *Revue Africaine de Finances Publiques (RAFIP)*, n°15, 2024, pp. 617-619. Voir également les Notes respectives de M. NGUIMFACK VOUFO (T), même revue, pp. 640-661 ; et de M. KOUA (E-C) dans la même revue, pp. 662-671.

[2] Article 41 de la Constitution.

jugement des comptes des comptables publics[3]. Selon certains experts, il est fort probable que le tribunal des comptes, qui manque de légitimité en raison du manque de reconnaissance de la part du législateur, ait décidé de mettre fin à sa position de victime présumée dans un système juridictionnel financier rénové qui lui accorde un statut clair et sans ambiguïté[4]. À cet égard, la Haute juridiction, loin de se résigner à son sort, a utilisé les ressources puisées dans la loi pour entreprendre le contrôle, voire le jugement de l'ordonnateur.

À ce stade, il est essentiel d'accepter la réalité imposée par la lecture des arrêts, des avis et des rapports de la Chambre des comptes[5] : toutes ses Sections opérationnelles[6], sous la direction des Sections réunies[7],

---

[3] Loi n°2003/005 du 21 avril 2003 fixant les attributions, l'organisation et le fonctionnement de la Chambre des comptes de la Cour suprême.

[4] LEKENE DONFACK (C-E) et WOAMBE (B), Commentaire, précité, p. 622.

[5] Instituée par l'article 41 de la Constitution, la Chambre des comptes est organisée par la loi n°2003/005 du 21 avril 2003 fixant les attributions, l'organisation et le fonctionnement de la Chambre des comptes de la Cour suprême.

[6] Les Sections opérationnelles de la Chambre des comptes sont :

- la 1ère Section, chargée du contrôle et du jugement des comptes de l'Etat ;
- la 2ème Section, chargée du contrôle et du jugement des comptes des comptables des collectivités territoriales décentralisées et de leurs établissements publics, sous réserve des attributions dévolues aux juridictions inférieures des comptes ;
- la 3ème Section, chargée du contrôle et du jugement des comptes des comptables des établissements publics de l'Etat ;
- la 4ème Section, chargée du contrôle des comptes des entreprises du secteur public et parapublic.

[7] Étant l'une des formations interne de la Chambre des comptes, les Sections réunies sont de loin la formation la plus élevée, à s'en tenir à sa composition. Au terme en effet de l'article 24 de la loi du 21 avril 2003 précitée, la formation des Sections réunies se compose du Président de la Chambre des comptes, des Présidents des Sections et

contribuent à cet objectif dans le cadre de leurs attributions respectives[8].

Les actes de ces formations de la Chambre des comptes donnent du sens à leur engagement total en faveur de cette cause commune. La Chambre des comptes, par sa situation au centre du dispositif des finances publiques[9], est le garant de la nouvelle gouvernance financière de l'État[10] auquel elle confère un certificat de conformité[11] et un label de qualité attestant la mauvaise ou la bonne gestion financière publique après l'audit de ses comptes[12]. De plus, elle collabore avec la Cour des comptes de la CEMAC en vertu du Traité et des conventions communautaires[13], ce qui lui

---

deux Conseillers Maîtres par Section, désignés par le Président de la Chambre des comptes, et du procureur général près la Cour suprême.

[8] La loi de 2003 a prévu une 5ème Section en charge des pourvois contre les arrêts des juridictions inférieures en matière des comptes. Mais, celle-ci n'est toujours pas opérationnelle. Et pour cause, les tribunaux régionaux de comptes dont l'organisation, les attributions et le fonctionnement sont fixés par la loi n°2006/017 du 29 décembre 2006, compétents pour contrôler et statuer sur les comptes des collectivités territoriales décentralisées et de leurs établissements publics et dont les décisions rendues en premier et dernier ressort sont seuls susceptibles de pourvoi en cassation devant la Chambre des comptes de la Cour suprême ne sont pas encore mis en place.

[9] Il faut ici rendre un hommage aux pères de la doctrine nationale des finances publiques, en l'occurrence Benjamin BIDIAS (B) dans son ouvrage : *Les finances publiques du Cameroun*, Yaoundé, éditions GB, 1982, 1043 p., et le Professeur Etienne Charles LEKENE DONFACK, auteur de l'ouvrage : *Les finances publiques camerounaises*, Paris, Berger-Levrault, 1987, 490 p.

[10] BARILI (A) et BOUVIER (M), *La nouvelle gouvernance financière de l'État*, Paris, LGDJ, Collection Systèmes, 2004, 207 p.

[11] Voir par exemple Chambre des comptes de la Cour suprême, Rapport de certification du compte général de l'État de l'exercice 2022.

[12] Comme en font foi les Rapports respectifs de la Chambre des comptes sur l'exécution de la loi de finances de l'exercice 2021 et de l'exercice 2022.

[13] Notamment l'article 75 de la Directive CEMAC du 19 décembre 2011 relative aux lois de finances.

confère une éminence certaine et une stature juridictionnelle incontestable[14]. Autant de facteurs, en somme, qui la poussent à l'action.

Il est vrai que ce contrôle largement méconnu de la Chambre des comptes sur l'ordonnateur exercé pendant longtemps ne pouvait, par ce fait même, contrebalancer celui bien établi portant sur les comptables publics. Il n'en existe pas moins et mérite d'être exposé.

Dans ces conditions peu favorables, la Chambre des comptes ne s'est pas préoccupée de définir l'ordonnateur, du moins à notre connaissance. Mais, ayant investi l'ordonnateur de la mission d'exécution des opérations du budget de l'État et des autres entités publiques à côté des comptables et des contrôleurs financiers, le législateur ne pouvait pas se soustraire à cet exercice de définition. Du reste, un tel exercice répond à l'une des prescriptions nécessaires à la transparence et à la bonne gouvernance dans la gestion des finances publiques[15]. Aux termes en effet de l'article 65 de la loi n°2018/012 du 11 juillet 2018 portant régime financier de l'État et des autres entités publiques, *« est ordonnateur, toute personne ayant qualité au nom de l'État, de prescrire l'exécution des recettes et des dépenses inscrites au budget de l'État »*. C'est grâce à ce pouvoir que l'ordonnateur acquiert une importance et une consistance plus réelles. Il est ainsi responsable de la

---

[14] ATEBA OMBALA (M), *Le contrôle juridictionnel des comptes de la Communauté économique et monétaire de l'Afrique centrale*, Yaoundé, CEPER, 2007, 247 p.

[15] L'article 11 de la loi n°2018/011 du 11 juillet 2018 portant code de transparence et de bonne gouvernance dans la gestion des finances publiques au Cameroun, dispose en effet que : *« La répartition des compétences, des charges et des ressources publiques entre les différents niveaux d'administration publique ainsi que les relations financières qu'ils entretiennent entre eux, sont clairement définies et font l'objet d'une information globale, claire et cohérente »*.

constatation des droits et obligations de l'État et des autres entités publiques, de la liquidation des recettes, de l'engagement, de la liquidation et de l'ordonnancement des dépenses publiques. À ce titre, il assure la programmation, la répartition et, le cas échéant, la mise à disposition des crédits, transmet au comptable public compétent les ordres de recouvrement et de paiement assortis des pièces justificatives et des certifications requises et établit les documents nécessaires à la tenue, par les comptables publics, des comptabilités dont la charge incombe à ces derniers[16].

Dès lors, désigner la personne qualifiée pour remplir cette fonction doit, toujours, se placer à l'avant-garde de tout dispositif juridique d'encadrement des personnels chargés de l'exécution du budget. L'ordonnateur est en effet une catégorie juridique complexe dont la rationalité doit être précisée[17]. C'est ainsi que le régime financier de l'État et des autres entités publiques en son article 66, alinéas 1, 2, 3 et 4, consacre à l'échelon étatique trois catégories d'ordonnateurs en matière des dépenses :

- les ordonnateurs principaux, qualité réservée aux chefs de départements ministériels ou assimilés et aux hautes autorités des institutions constitutionnelles *« sous réserve du pouvoir de régulation des crédits budgétaires et de gestion de la trésorerie de l'État dévolu au ministre des Finances »*[18] ;

---

[16] Voir à ce sujet les dispositions de l'article 4, alinéas 1, 2, 3, 4 et 5 du décret n°2020/375 du 02 juillet 2020 portant règlement général de la comptabilité publique.

[17] Voir THEBAULT (S), *L'ordonnateur en droit public financier*, Préface de Michel BOUVIER, Paris, LGDJ, Bibliothèque finances et fiscalité, 2007, 387 p., notamment pp. 93-185.

[18] Article 12, alinéa 2 du décret du 07 juillet 2020 portant règlement général de la comptabilité publique, précité

- les ordonnateurs secondaires qui sont des responsables des services déconcentrés de l'État, et à ce titre, reçoivent des autorisations de dépenses des ordonnateurs principaux ;
- les ordonnateurs délégués qui sont les responsables des programmes, et, le cas échéant, tout autre responsable désigné au moyen d'un acte administratif par les ordonnateurs principaux ou secondaires pour des matières expressément définies[19].

Par ailleurs, le ministre chargé des finances est constitué dans le régime financier de l'État et des autres entités publiques, ordonnateur principal unique en matière des recettes de l'État. Le décret du 07 juillet 2020 portant règlement général de la comptabilité publique ajoute que cette compétence exclusive réservée au ministre des Finances s'étend aux comptes spéciaux du trésor, exception faite de l'ensemble des opérations de trésorerie et de financement[20]. Il a la capacité de confier ce pouvoir à d'autres chefs de départements ministériels ou à des personnes assimilées, ainsi qu'aux agents de l'administration fiscale qui sont désignés comme ordonnateurs délégués conformément à la loi n° 2018/012 du 11 juillet 2018 régissant le régime financier de l'État et des autres entités publiques.

Au niveau des Régions, le président du Conseil régional et le président du Conseil exécutif régional ont la qualité respectivement d'ordonnateur du budget de la Région et d'ordonnateur du budget de la Région à statut spécial conformément à l'article 434, alinéa 1, de la loi n°2019/024 du 24 décembre 2019 portant code général des collectivités territoriales décentralisées. Cet article dispose également que le maire est l'ordonnateur du budget de la commune, de

---

[19] Article 12, alinéa 4

[20] Article 10.

la communauté urbaine et de la commune d'arrondissement, tandis que le président du syndicat de communes est l'ordonnateur du budget du syndicat de communes. À la suite, l'indication sans autre précision dans cette disposition que ces autorités ont la qualité d'ordonnateurs principaux n'empêche pas l'institution des ordonnateurs secondaires ou délégués dès lors que le besoin de déconcentration de la gestion l'impose pour alléger les charges des ordonnateurs principaux.

C'est la preuve que les attributions des ordonnateurs secondaires et délégués, ceux des collectivités territoriales décentralisées en particulier, ne bénéficient pas de la même attention portée aux ordonnateurs principaux[21].

Cette qualité conférée à certains agents publics au niveau de l'État et des collectivités territoriales décentralisées l'est également aux Directeurs généraux des établissements publics. En effet, le Directeur général est l'ordonnateur principal du budget de l'établissement public conformément à l'article 53, alinéa 1, du décret n°2017/010 du 12 juillet 2017 portant statut général des établissements publics. Sur sa proposition, des ordonnateurs secondaires peuvent être institués par le Conseil d'administration sur le fondement de l'alinéa 2 de cet article.

Compte tenu de son rôle, l'ordonnateur apparaît comme une figure importante parmi les gestionnaires publics dont une partie s'organise autour de lui et l'autre au-delà de lui, selon le schéma d'analyse théorique proposé par le Professeur Gérard Martin PEKASSA NDAM[22].

---

[21] LUDWING (R), « La nature juridique et l'étendue des attributions de l'ordonnateur secondaire », *RSF*, n°57, 1965, pp. 667-690.

[22] PEKASSA NDAM (G-M), « Réflexion sur la notion de gestionnaire public en droit financier camerounais », *Mélanges Etienne Charles LEKENE DONFACK*, vol.2, Paris, l'Harmattan, 2024, pp. 53-71.

Par ailleurs, il faut admettre qu'une polarisation excessive sur l'ordonnateur peut faire passer sous silence d'autres acteurs de la gestion publique[23], comme le comptable public qui se trouve au bout du circuit de la gestion financière publique et qui possède un statut propre[24].

Or, l'on sait que, si la législation et la règlementation imposent la séparation de l'ordonnateur et du comptable[25] sur laquelle sont adossés deux régimes distincts de responsabilité à raison d'une responsabilité spéciale du comptable[26] et d'une autre applicable à l'ordonnateur[27], il n'en reste pas moins que leur complémentarité d'action est essentielle pour assurer la bonne gestion financière publique.

Notre ambition, en écrivant ces lignes, est de présenter, comme l'indique le titre de l'ouvrage, l'ordonnateur saisi par la Chambre des comptes de la Cour suprême depuis l'origine. Il s'agit d'un processus lent et évolutif où la Haute juridiction s'appuie sur les lois et règlements en vigueur. Car, il est acquis que la faute de gestion n'est pas le seul

---

[23] Ces acteurs sont également responsables de leur gestion. Voir à ce sujet FROMENT-MEURICE (A), « La responsabilité des acteurs de la gestion publique en matière budgétaire, financière et comptable : l'heure du bilan », *AJDA*, 2005, p. 714.

[24] AKHOUNE FARHANE, *Le statut du comptable en droit public financier*, Préface de Michel BOUVIER, Paris, LGDJ, Bibliothèque finances publiques et fiscalité, 2008, 467 p.

[25] Article 64, alinéa 2, de la loi n°2018/012 du 11 juillet 2018 portant régime financier de l'Etat et des autres entités publiques.

[26] En l'état actuel du droit positif, la responsabilité des comptables est régie par les articles 27 à 38 du décret du 07 juillet 2020 précité. Les articles 87 et 88 de la loi du 11 juillet 2018 fournissent une base juridique à la responsabilité de l'ordonnateur.

[27] DJEYA KAMDOUM (Y-G), *La responsabilité des ordonnateurs dans le système financier public contemporain. Etude comparée des droits camerounais et français*, Thèse Doctorat/*Ph.D*, Université de Yaoundé II-Soa et Université de Lille, 2019, 601 p.

terrain sur lequel le juge des comptes se place pour appréhender l'ordonnateur. Il faut aussi l'avouer, dans cette longue marche, le juge des comptes n'a pas hésité à faire recours à son pouvoir prétorien en engageant la responsabilité de l'ordonnateur là où il était le moins attendu. Nous affirmons donc dans cette logique que la Chambre des comptes est engagée depuis 2012 dans le jugement des ordonnateurs, cela avec des fortunes et des résultats contrastés.

Après avoir pris connaissance de cet ouvrage volontairement construit loin du découpage en vogue dans les travaux en sciences juridiques, d'aucuns chercheront à nous situer par rapport aux genres pratiqués dont les plus emblématiques sont la Thèse de Doctorat et le Mémoire de Master. Mais, c'est à dessein que nous avons fait le choix d'écarter cette structuration austère sans renoncer à l'essentiel, à savoir l'appréhension de l'ordonnateur par la Chambre des comptes, pour être en mesure de toucher un public large au-delà des praticiens et des spécialités qui sauront s'y reconnaître. L'on est persuadé que les contrôles juridictionnel et non juridictionnel exercés par la Chambre des comptes constituent le terrain privilégié pour observer la dynamique à laquelle est confronté l'ordonnateur et qu'un exposé scientifique rigoureux consacré à un tel sujet n'est digne de ce nom que s'il est bien informé de cette réalité qu'il tente de rendre compte fidèlement. C'est de ces formes de contrôles que nous nous évertuons à tirer la matière nécessaire à notre démarche, au lieu de nous enliser dans les spéculations peut-être exaltantes pour l'esprit, mais éloignées de cette réalité qui suscitent parfois l'étonnement de certains praticiens.

L'exposé présenté dans ce livre est le résultat d'une observation et d'une analyse minutieuses des actes de la Chambre des comptes sur l'ordonnateur, observation et analyse faites dans les limites de temps compris entre 2012 et l'arrêt des Sections réunies du 15 février 2024 précité.

Ce livre présente d'abord une idée qui est apparue lors des premières heures de la Chambre des comptes : soumettre l'ordonnateur à des contrôles. Cette idée a ensuite mené à sa mise en œuvre. En effet, pour contrôler l'ordonnateur sur la durée, la Chambre des comptes s'emploie à explorer les lois et règlements régissant le droit public financier pour extraire les dispositions sur lesquelles elle pourra prendre appui afin d'opérer son contrôle. Dans le cadre de son examen de la gestion, elle privilégie le dialogue pour contrôler l'ordonnateur. Et au début de 2024, elle va franchir un pas supplémentaire en se déclarant compétente, pour la première fois, pour statuer sur la faute de gestion de l'ordonnateur. Cette affirmation de compétence nous semble être le ressort grâce auquel la Chambre des comptes a pris le contrôle total sur l'ordonnateur en dépassant l'horizon de ses précédents contrôles.

CHAPITRE 1 :

UNE IDÉE MAITRESSE : SOUMETTRE L'ORDONNATEUR À DES CONTRÔLES

Le principal objectif de la Chambre des comptes est de soumettre, dans les limites autorisées par la loi, l'ordonnateur à des contrôles afin que la reddition des comptes soit totale et concerne tout gestionnaire sans exception[28].

Considérés à tort comme des agents insoumis au contrôle et au jugement de la Chambre des comptes, qui ne concerneraient que les comptables, les ordonnateurs, par l'effet de cette politique, intègrent le cercle fermé des catégories d'agents auxquels la Chambre des comptes exige de rendre compte de leur gestion. De tels contrôles sont possibles, et d'ailleurs, la loi le permet, et c'est tout à l'honneur de la Chambre des comptes de les avoir dévoilés.

L'atteinte de cet objectif implique de surmonter la limitation originaire de la compétence de la Chambre des comptes sur l'ordonnateur. Un impératif devant permettre à la Haute juridiction de recouvrer un office plein et entier sur l'ordonnateur.

---

[28] FABRE (F-J), FROMENT-MEURICE (A) et GROPPER (N), *Responsabilité des gestionnaires publics devant le juge financier*, Paris, Dalloz, 2009, 489 p.

I. Un impératif pour surmonter la limitation originaire de la compétence du juge des comptes sur l'ordonnateur

C'est précisément cette posture déformée d'une Chambre des comptes inhabile à contrôler l'ordonnateur qu'il a fallu dépasser. Cela est sans doute possible à condition de prendre conscience que la limitation de la compétence de la Chambre des comptes à l'origine était tout à la fois critiquable et douteuse quant à ses fondements.

A. La limitation critiquable de la compétence de la Chambre des comptes sur l'ordonnateur à l'origine

L'impérieuse action de la Chambre des comptes pour surmonter la limitation originaire de sa compétence sur l'ordonnateur nous fait distinguer compétence contentieuse et compétence non contentieuse, en partant de la situation inégale dans laquelle se trouvent ces deux blocs de compétences.

L'un des points les plus saillants, en particulier, est l'excessive fixation sur le comptable public dans la loi du 21 avril 2003 fixant les attributions, l'organisation et le fonctionnement de la Chambre des comptes de la Cour suprême, qui tranche avec le silence observé au sujet de l'ordonnateur. C'est ainsi qu'à l'entame de cette loi de 2003, l'article 2 donne le ton en énonçant que *« La Chambre des comptes contrôle et juge les comptes ou les documents en tenant lieu des comptables patents ou de fait :*

- *de l'État et des établissements publics ;*
- *des collectivités territoriales décentralisées et de leurs établissements publics ;*
- *des entreprises du secteur public et parapublic ;*
- (...) ».

Puis, par le biais de l'article 5, des précisions sont apportées sur les catégories de comptables concernés, à savoir :

- les comptables du trésor ;
- les comptables des domaines ;
- les receveurs municipaux, dans la mesure où les recettes municipales sont gérées par des personnes autres que les comptables du trésor ;
- (...) ».

Enfin, l'article 8 dispose : « *Le contrôle et le jugement de la Chambre des comptes portent sur :*

- *les comptes et les documents annexes des comptables publics patents des personnes morales de droit privé dans lesquels l'État est actionnaire unique ou majoritaire ;*
- *les comptes des comptables publics patents des personnes morales dans lesquels l'État et/ou d'autres personnes morales de droit public détiennent séparément ou ensemble plus de la moitié du capital ou des voix dans les organes délibérants ;*
- *les comptes ou les documents annexes de comptables publics patents des personnes morales, quel qu'en soit leur statut juridique, dans lesquels l'État et les autres personnes morales de droit détiennent ensemble le pouvoir de décision ou la moitié de blocage ;*
- *Les comptes et les documents annexes des comptables publics patentés des personnes morales, quel que soit leur statut juridique, qui bénéficient des prélèvements obligatoires, tels que ceux de la prévoyance sociale ou de la formation professionnelle ;*
- *les comptes et documents annexes des comptables publics patents des personnes morales, quel que soit*

leur statut juridique, bénéficiant d'un service public ou du monopole de l'État ;

- *les comptes et documents annexes des comptables publics patents de toute personne morale, quel que soit son statut, qui bénéficie d'un concours financier direct ou indirect de l'État ou d'une autre personne morale de droit public ;*
- *les comptes des personnes physiques exerçant les fonctions officielles ou ceux de comptables publics patents des personnes morales investies d'une mission spécifique ou recevant à ce titre les fruits de la générosité nationale ou internationale, dans les conditions fixées par l'acte accordant les concours financiers ci-dessus ».*

Dans ce bloc, la ligne qui sépare la compétence contentieuse et non contentieuse de la Chambre des comptes se résume par le concept de l'autorité de la chose jugée qu'il faut distinguer de tous les autres cas. En effet, autant en statuant au contentieux, la Chambre des comptes se prononce au moyen d'un arrêt définitif des comptes possédant l'autorité de la chose jugée, autant les actes qu'elle pose dans d'autres champs de ses interventions sont dépourvus de cet attribut. En phase contentieuse, la Haute juridiction rend des arrêts ; dans les autres hypothèses, elle fait connaître son opinion à travers des rapports, des avis, des recommandations, etc. Le premier engage le contrôle contentieux tandis que la seconde repose pour certains sur le contrôle de gestion, tandis que d'autres revêtent la forme d'un avis ou d'une opinion.

L'attribution des matières aux formations de la Chambre des comptes est l'exact reflet de cette conception. C'est ainsi que les 1re, 2e et 3e Sections[29] de la Chambre des comptes statuent au contentieux, tandis que la 4e Section intervient en matière non contentieuse par le biais du contrôle de gestion[30]. En tout cas, c'est l'identité que la Chambre des comptes elle-même a donnée de la lecture de ses compétences.

Quant aux autres responsables des compétences, en particulier celles relevant du domaine non juridique, telles que les avis et les évaluations produits par la Cour des comptes, ils ne montrent pas du tout d'ordonnateur[31].

De fait, cette polarisation de la loi sur les comptables, alors même que ces dispositions engloutissent aussi bien les compétences contentieuses et non contentieuses de la Chambre des comptes, constitue manifestement un indicateur que l'office de la Haute juridiction ne s'étend pas aux ordonnateurs. À tout le moins, c'est l'impression générale qui s'en dégage.

L'on reconnaîtra cependant que cette limitation de la compétence de la Chambre des comptes s'aggrave avec la dérogation de l'article 38 formulée en ces termes :

> « **(1)** *Par dérogation aux dispositions qui précèdent, les comptes des organes constitutionnels sont soumis*

[29] Au terme de l'article 13 de la loi du 21 avril 2003 fixant les attributions, l'organisation et le fonctionnement de la Chambre des comptes de la Cour suprême, la 1ère Section de la Chambre des comptes contrôle et juge les comptes des comptables de l'Etat, la 2ème Section contrôle et juge les comptes des comptables des collectivités territoriales décentralisées et de leurs établissements, sous réserve des attributions dévolues aux juridictions inférieures des comptes et la 3ème Section contrôle et juge les comptes des comptables des établissements publics de l'Etat.

[30] La 4ème Section s'occupe du contrôle des comptes des entreprises du secteur public et parapublic.

[31] Voir les dispositions des articles 3 et 10 de la loi du 21 avril 2003, précitée.

à l'examen d'une Commission composée d'un représentant de chaque organe et présidée par le président de la Chambre des comptes ». **(2)** *« La Commission visée à l'article 1er ci-dessus examine les comptes ou tout document en tenant lieu et, si nécessaire, entend le comptable de l'organe constitutionnel concerné. Elle adresse un rapport confidentiel de ses observations et recommandations au président de la République et aux dirigeants des autres organes constitutionnels ».*

Une telle limitation frappe d'abord en ce qu'elle constitue, comme indiqué dans cet article, *« une dérogation »* au principe de contrôle des comptes des comptables publics. De plus, cette dérogation est de celle qui n'a pas besoin d'inquiéter les ordonnateurs concernés, qui sont, en l'occurrence, les principaux dirigeants des organes constitutionnels à la fois pour certains des objets de contrôles et des destinataires des observations et des recommandations inspirées par ces contrôles !

Pour l'instant, si on sait avec précision que les organes constitutionnels désignent le président de la République, le Parlement, le Conseil constitutionnel et le Conseil économique et social[32], l'on ignore tout de cette Commission qui ne communique pas sur ses activités qui demeurent un mystère.

Mais par-dessus tout, un constat se dégage : la limitation légale concerne avant tout les restrictions de la compétence contentieuse de la Chambre des comptes relativement à l'ordonnateur. Non seulement cette limitation est

---

[32] Sur ce dénombrement, voir BIMELI AMBANGA (A), *L'approche des organes constitutionnels au Cameroun : contribution à la définition des organismes constitutionnels dans les Etats d'Afrique noire francophone*, Thèse Doctorat/*Ph.D*, Faculté des Sciences Juridiques et Politiques de l'Université de Dschang, 2022, 458 p.

critiquable, mais également sa validité juridique est douteuse.

B. La validité juridique douteuse de la limitation

S'interroger sur cette limitation légale de la compétence de la Chambre des comptes sur les ordonnateurs c'est se demander si elle est conforme à la Constitution. Car si le législateur a aménagé les attributions, l'organisation et le fonctionnement de la Chambre des comptes au moyen de la loi du 21 avril 2003 précitée, la Haute juridiction est instituée par la Constitution qui a réglé ses compétences. Celle-ci dispose, entre autres, que *« la Chambre des comptes est compétente pour contrôler et statuer sur les comptes publics et ceux des entreprises publiques et parapubliques*[33] ».

Cette disposition exalte les comptes publics qu'elle n'a pas voulu limiter au seul compte des comptables publics[34]. Et à cette fin, c'est à bon droit que le constituant a pris cette option dès lors que le comptable public n'est jamais loin de l'ordonnateur et inversement. En effet, dans la maison commune qui est la gestion financière publique, l'ordonnateur intervient dans la phase administrative d'exécution des recettes et des dépenses. Le comptable prend le relais à l'étape de la procédure comptable. Il assure le recouvrement des recettes qu'il a prises en charge et le paiement des dépenses ordonnancées et liquidées par l'ordonnateur. Cela implique une synergie d'actions allant

[33] Article 41 de la Constitution. Cet article ajoute que la Chambre des comptes *« statue souverainement sur les décisions rendues en dernier ressort par les juridictions inférieures des comptes. Elle connaît de toute autre matière qui lui est expressément attribuée par la loi »*.

[34] NGUIMFACK VOUFO (T), *La notion de comptes publics en finances publiques camerounaises*, Thèse Doctorat/*Ph.D*, Faculté des Sciences Juridiques et Politiques, Université de Dschang, 2015, 817 p.

au-delà de leur division organique et fonctionnelle[35], ce qui justifie qu'ils rendent compte conjointement ou collectivement. La Chambre des comptes s'assume par conséquent dans sa volonté de contrôler et statuer sur les comptes des comptables publics et des ordonnateurs.

Les constitutionnalistes pourraient facilement objecter que la Chambre des comptes aurait dû faire application de la Constitution pour retrouver la plénitude de sa compétence plutôt que de se borner à la loi, au demeurant inconstitutionnelle, qui limite sa compétence. Il est clair que, face à la norme constitutionnelle favorable à l'affirmation de la compétence du juge des comptes et la norme légale encadrant celle-ci, mais inconstitutionnelle, on choisit sans hésitation la première. L'autorité de la norme constitutionnelle s'impose au législateur, qui n'avait d'autre choix que de la respecter. Le contrôle des comptes publics n'est véritablement lui-même que s'il repose aussi bien sur le compte de gestion des comptables publics que sur les comptes administratifs des ordonnateurs. Il va sans dire que l'option du législateur méconnaît la Constitution et ses motivations pour le moins inconnues doivent certainement être ailleurs.

En guise d'explication, certains ont avancé que les ordonnateurs, dans les rapports de force, ont voulu par là se ménager pour échapper à tout contrôle du juge des comptes. Il ne faut pas oublier non plus que l'ordonnateur est une catégorie juridique d'essence politique tenant au fait qu'elle puise son origine dans l'histoire politique française[36] et que cette conception pourrait avoir tenté le législateur de 2003. D'un autre côté, les arguments ne manquent pas pour faire porter le chapeau du contrôle aux seuls comptables publics.

---

[35] SAIDJ (L), « Les rôles respectifs des ordonnateurs et des comptables », RFFP, n°27, 1989, pp. 237-263.
[36] TEBAULT (S), *op.cit.,* pp.15-37.

Ne contrôlent-ils pas les opérations effectuées par les ordonnateurs ? De plus, leurs comptes retracent ces opérations. C'est un point de vue qui n'est pas faux, quoiqu'il ne soit pas absolument défendable. En effet, le pouvoir de contrôle des comptables est certes étendu, mais il comporte des limites[37]. Sans minimiser les pressions des comptables sur l'ordonnateur, ce dernier est moins affecté que le premier[38]. Bien plus, il est établi que certaines des irrégularités reprochées aux comptables publics sont commises en réalité par les ordonnateurs. Ces derniers devront en répondre personnellement ou sur leurs biens propres.

Nous considérons, pour notre part, que la Haute juridiction n'a jamais franchi ce pas à cette époque dans le sens de l'application directe de la Constitution, du moins à notre connaissance. Et d'ailleurs, est-ce que la question s'est posée à elle ? L'on aura vu, sur un tout autre plan, la Haute juridiction à ses débuts dans l'arrêt n°18/CSC/CDC/S3 du 07 juillet 2010, *Compte de gestion de l'école d'hôtellerie et de tourisme de N'Gaoundéré*, Exercices 2004 et 2005, privilégier d'emblée la primauté de l'Acte additionnel n°2/02/CEMAC-06PE-CE du 30 août 2002, le Règlement n°2/04-UEA-007-EHT-CM-12 du 30 juin 2012 portant statut de l'École Nationale d'Hôtellerie et de Tourisme de N'Gaoundéré et le Règlement n°13/99-UEAC-007-EHT-CM-02 du 18 août 1999 portant règlement financier du Secrétariat exécutif de la Communauté, textes de droit communautaire en vertu desquels l'École a été rétrocédée par l'État du Cameroun à la CEMAC en écartant pour cela l'application de la

[37] COLLIN (P), « Etendue et limites des pouvoirs de contrôle des comptables publics », *R.A*, n°332, 1er juillet 2001, pp. 730-748.
[38] VILEMAGNE (O) et GRIMAUD (P), « Responsabilité des comptables et des ordonnateurs : quel impact des pressions subies ? », *AJDA*, 2015, p. 2062.

décision de 2005 qui est la norme nationale régissant l'EHT. Par-là, la Haute juridiction a ainsi démontré son esprit d'ouverture pour la rencontre du droit communautaire[39]. Cette figure fait de la Chambre des comptes un juge communautaire assumé, mais aussi elle établit son enracinement dans le droit national pour autant que la problématique de leur application soit clairement posée.

Autrement dit, la Chambre des comptes ne pouvait s'exprimer sur cette question de constitutionnalité que s'il y eut une sollicitation dans ce sens. Elle va s'en charger dans les conditions favorables qu'il nous sera permis d'examiner plus loin dans cet ouvrage.

En définitive, l'ordonnateur, protégé par la loi contre le contrôle de la juridiction des comptes en dépit de l'illégalité manifeste de cette dernière sur ce point, ne pouvait pas faire l'objet d'une responsabilité juridique au contentieux des comptes. Et cela évidemment constitue un défi à la cohérence de l'exercice du plein office du juge des comptes.

II. Une exigence de la nécessaire cohérence de l'office du juge des comptes

La double cohérence factuelle et juridique sur laquelle devrait reposer l'office de la Chambre des comptes pour juger l'ordonnateur est indispensable au contrôle juridictionnel de cette catégorie de gestionnaire public. En effet, cette exigence ne s'appréhende pas seulement par les nécessités inhérentes au contrôle et au jugement des comptes publics. Elle dépend aussi de sa consécration juridique. Cette cohérence recherchée est la clé pour

[39] SIETCHOUA DJUITCHOKO (C), *La Chambre des comptes de la Cour suprême*, *op.cit.*, pp. 44-50.

conférer au juge des comptes le pouvoir de juger les ordonnateurs.

A. La cohérence factuelle

Tout compte public, pour être contrôlé et jugé par l'une quelconque des Sections de la Chambre des comptes, a besoin non seulement du compte mis dans les formes requises, mais aussi des indispensables pièces justificatives annexées[40]. L'ensemble constitue le dossier de l'affaire soumis par le président de la Section compétente au magistrat rapporteur qu'il aura désigné à cet effet. Ce dernier doit pouvoir trouver dans le dossier tous les éléments portant sur la ligne des comptes, les données sur le volume des dépenses et des recettes, les autorisations administratives subséquentes et les lois et règlements dont il a été fait application. Il s'agit des points qui sont réunis pour former les principaux axes du rapport attendu de ce magistrat rapporteur à l'issue de ses vérifications. Tout cela est utile pour l'équilibre factuel de l'affaire, préparatoire à l'exercice de l'office contentieux de la Section compétente.

À ce stade, l'équilibre peut n'être que partiel. Or, pour pallier cette situation, il est permis au juge rapporteur de demander au comptable public concerné toute information complémentaire.

De même, dans la phase contentieuse, et afin de rétablir l'équilibre factuel, l'arrêt provisoire des comptes signifie aux comptables auteurs des comptes contrôlés, le délai nécessaire pour satisfaire aux injonctions qui leur sont adressées sous peine de sanctions prévues par la loi. Après examen des réponses des comptables et des conclusions

---

[40] FONKOU TESSA (G-U), *Le format des comptes des comptables publics en droit budgétaire camerounais*, Thèse Doctorat/*Ph.D*, Faculté des Sciences Juridiques et Politiques, Université de Dschang, 2021, 383 p.

complémentaires du rapporteur, la Chambre des comptes siégeant en formation de jugement statue par arrêt définitif des comptes.

La collégialité et l'équilibre recherchés dans la loi du 21 avril 2003 fixant les attributions, l'organisation et le fonctionnement de la Chambre des comptes sont au cœur des débats. Certes, on pourrait nous opposer que les éléments évoqués ci-dessus autour desquels s'organise l'équilibre factuel sont conformes à la loi de 2003. Mais, il faut se persuader que le plein équilibre requiert d'attraire l'ordonnateur dans la procédure afin qu'il s'explique sur certains faits ou irrégularités relevés dans le compte de gestion du comptable. En effet, il ne faut pas se dissimuler, ainsi que le relève un observateur averti que « *l'ordonnateur est souvent à l'origine des irrégularités imputables aux comptables publics par le juge des comptes. Aussi serait-il improductif pour le juge des comptes de sanctionner la seule responsabilité du comptable sans avoir la faculté de mettre l'ordonnateur en cause* »[41]. Le débet mis par la 3e Section de la Chambre des comptes à la charge de l'agent comptable de l'Université de Dschang est là pour prouver ce constat. En l'espèce, il était reproché à l'agent comptable dans l'injonction n°4 le paiement de la somme de 640.000 francs CFA au titre d'aides pour maladie (mandat n°1797) sur la base d'une circulaire du Recteur non entérinée par le Conseil d'administration de l'Université dont l'avis, de l'aveu de la Haute Juridiction, *« revêt le caractère d'une formalité substantielle*[42] *»*. Cependant,

---

[41] SIETCHOUA DJUITCHOKO (C.), *La Chambre des comptes de la Cour suprême du Cameroun, op.cit.*, p.272.

[42] Arrêt n°001/CSC/CDC/S3 du 18 février 2009, Compte de gestion de l'Université de Dschang (UDs), Exercice 2004. Au plan théorique, voir SIETCHOUA DJUITCHOKO (C), « L'appropriation des formalités substantielles par le juge des comptes au Cameroun », *Juridis Périodique*, n°94, avril-mai-juin 2013, pp. 56-66.

c'était au Recteur de solliciter le Conseil d'Administration pour entériner sa circulaire et non à l'agent comptable à qui ce tort est injustement imputé.

Le comptable comme agneau sacrificiel de l'ordonnateur, ça existe et des arrêts comme celui-ci sont nombreux en pratique. C'est pourquoi le problème a fini par être posé à la Chambre des comptes par certains comptables au cours de la session ordinaire du *Cadre permanent de concertation entre la Chambre des comptes et le ministère des Finances* du 11 décembre 2018. Ces derniers estiment être jugés injustement par la Haute juridiction au détriment des ordonnateurs, jamais condamnés, qui sont souvent à l'origine des irrégularités mises à leur charge. Ici, comme dans toute situation où une personne est condamnée à tort, on perçoit une pressante revendication de justice sociale de la part des comptables. Dans les échanges, certains membres du Cadre ont estimé en effet que la responsabilité pèse davantage sur le comptable qui est généralement poussé à la faute par l'ordonnateur, ce qui n'est pas équitable. L'ordonnateur, renseigne en retour la Chambre des comptes, est juge de l'opportunité ; à ce titre, il engage, liquide, ordonnance le paiement et veille à l'exécution de la dépense. Quant au comptable public, il doit s'assurer en sa qualité de juge de la régularité que les décisions prises par l'ordonnateur tant sur les dépenses que sur les recettes (engagement, liquidation et ordonnancement) sont conformes aux lois et règlements. Le contrôle juridictionnel du comptable, dans ce contexte, poursuit la Chambre des comptes, vise *« à l'amener à renforcer le contrôle des actes de l'ordonnateur, quitte à faire usage des moyens de protection légaux, tels que la réquisition qui lui permet, en principe, de transférer la responsabilité de la faute sur ce dernier*[43] *»*.

---

[43] Chambre des comptes de la Cour suprême, Rapport annuel 2018, p. 36.

Ce face-à-face a permis à la Chambre des comptes de prendre acte de ces problématiques. Il a aussi permis d'indiquer que le nouveau régime financier de l'État de 2018 met désormais le comptable, l'ordonnateur et le contrôleur financier au même niveau de responsabilité, chacun en ce qui le concerne en cas de faute[44].

Faire en sorte que la Chambre des comptes ait la faculté de sanctionner l'ordonnateur est une ambition légitime pour passer d'un équilibre factuel incomplet au plein équilibre dans lequel la Haute juridiction a toutes les cartes entre les mains. L'éclairage du droit comparé est là pour montrer que la cohérence juridique recherchée est possible.

B. La cohérence juridique

À l'échelle de la sous-région Afrique centrale à laquelle le Cameroun appartient, on en sait un peu plus sur la sanction des comptables et des ordonnateurs dans l'office du juge des comptes.

Ainsi, la Directive CEMAC relative aux lois de finances en date du 19 décembre 2011 a établi la Cour des comptes comme juge des comptes publics avec cette précision qu'elle doit être créée dans chaque État membre. L'apport de la Directive ne se résume pas seulement dans la mission confiée à la Cour des comptes chargée du contrôle juridictionnel des opérations budgétaires et comptables des administrations publiques[45], mais s'exprime de manière plus voyante dans l'énonciation des chefs de sa compétence au rang desquels figure le jugement *« des ordonnateurs, des contrôleurs financiers et des comptables publics »*[46].

---

[44] *Ibidem.*

[45] Article 71 de la Directive CEMAC relative aux lois de finances du 19 décembre 2011.

[46] Aux termes en effet de l'article 73 de la Directive, les missions de la Cour des comptes en ce qui concerne l'Etat sont entre autres : *« juger*

L'approche retenue par le législateur communautaire est plus intégrale et globale. Elle consiste à confier la responsabilité et la sanction des ordonnateurs à la juridiction des comptes. En cas de mauvaise gestion, ces derniers seront tenus pour responsables conformément à la constitution de leur pays respectif, sans préjudice des sanctions imposées par la Cour des comptes, comme l'indique clairement l'article 74 de la directive. Elle détaille ensuite la faute de gestion, à charge pour les États de compléter la liste :

1. La violation des règles relatives à l'exécution des recettes et des dépenses de l'État et autres organismes publics ;
2. La violation grave et répétée des règles de comptabilisation des produits et des charges applicables à l'État et aux autres organismes publics ;
3. La violation des règles relatives à la gestion des biens appartenant à l'État et aux autres organismes publics ;
4. Le fait, pour toute personne dans l'exercice de ses fonctions ou attributions, d'enfreindre de manière grave ou répétée les dispositions législatives ou règlementaires nationales destinées à garantir la liberté d'accès et l'égalité des candidats dans les contrats de commande publique ;
5. Le fait d'avoir entrainé la condamnation d'une entité juridique publique ou d'une personne morale privée responsable de la gestion d'un service public en raison de l'inexécution partielle ou totale, ou de l'exécution tardive d'une décision de justice ;

---

les ordonnateurs, les contrôleurs financiers et les comptables publics (…) ».

6. Le fait, pour toute personne dans l'exercice de ses fonctions ou attributions, de causer un préjudice grave à l'État ou à un organisme public, par des agissements manifestement incompatibles avec les intérêts de l'État ou de l'organisme, par des carences graves dans les contrôles qui lui incombaient ou par les omissions ou négligences répétées dans son rôle de direction ;
7. Les négligences graves et répétées dans la gestion du budget, le suivi des crédits pour des dépenses d'intérêt secondaire au détriment des dépenses indispensables et prioritaires du service ;
8. L'imprévoyance caractérisée résultant de la consommation des crédits pour des dépenses d'intérêt secondaire au détriment des dépenses indispensables et prioritaires du service ;
9. La poursuite d'objectifs manifestement étrangers aux missions et attributions du service ;
10. La mise en œuvre de moyens manifestement disproportionnés ou inadaptés aux objectifs poursuivis par le service.

En transposant la Directive, la République centrafricaine, par exemple, un État membre de la CEMAC a confié sa compétence à la Cour des comptes pour *« juger les comptes administratifs des ordonnateurs et de ceux des comptables publics*[47] *»*. Dans cette transposition, l'article 74 de la loi organique n°013 du 13 juillet 2013 relative aux lois de finances en République centrafricaine indique que les opérations d'exécution du budget de l'État sont soumises à un triple contrôle administratif, juridictionnel et parlementaire. À propos du contrôle juridictionnel, l'article

[47] Article 1 de la loi n°97.003 du 12 mai 1997 relative à l'organisation et au fonctionnement de la Cour des comptes.

75 dispose sans équivoque : *« Le contrôle juridictionnel des opérations budgétaires et comptables est assuré par la Cour des comptes dans les conditions prévues par les lois en vigueur »*. À cet effet, la Haute juridiction juge conformément à l'article 77 : *« les comptes administratifs des ordonnateurs, les comptes des comptables publics »*. Dans la vérification du bon emploi des fonds publics et la conformité de l'exécution budgétaire aux autorisations du Parlement, la Cour des comptes n'exerce aucune juridiction sur les ordonnateurs principaux que sont le ministre des Finances, les ministres sectoriels, les responsables des institutions de la République. Ces derniers encourent à raison de l'exercice de leur fonction exclusivement les responsabilités pénales[48]. Tel n'est pas le cas des ordonnateurs délégués ou secondaires qui peuvent être sanctionnés sur le triple plan disciplinaire, pénal et civil sans préjudice de sanctions qui peuvent leur être infligées par la Cour des comptes[49].

Il faut le redire : exposer la responsabilité de l'ordonnateur dans le droit public financier des États d'Afrique centrale n'est pas la finalité, pour cela l'exemple ci-dessus est suffisant. Le but est au contraire de montrer la logique et la cohérence de l'articulation de l'ordonnateur et du comptable pour confier l'appréciation de leur responsabilité au juge des comptes.

Vue sous cet angle et parce qu'elle est imposée du reste par la Directive CEMAC relative aux lois de finances, la logique de l'articulation de l'ordonnateur et du comptable est essentielle dans le contrôle de l'emploi des fonds publics par la juridiction des comptes.

---

[48] Article 19 du décret n°13.091 du 27 mai 2019 portant règlement général sur la comptabilité publique en République Centrafricaine.
[49] Article 19.

Au Cameroun, la promotion de cette exigence doit beaucoup à l'internalisation des Directives CEMAC à travers à travers le vote et la promulgation des lois n°2018/011 et 2018/012 du 11 juillet 2018 portant respectivement code de transparence et de bonne gouvernance dans la gestion des finances publiques au Cameroun et régime financier de l'État et des autres entités publiques. Mais, l'internalisation du droit communautaire ne pouvant se faire d'elle-même, comment ne pas relever pour le souligner la volonté des pouvoirs publics de procéder à une telle opération ? C'est, nous semble-t-il, un facteur non négligeable de la transposition, au moyen des textes de 2018 susvisés, des Directives CEMAC précitées. L'importance n'a pas échappé au premier Président de la Cour suprême, qui note que *« ces textes qui apportent de nombreuses innovations dans le domaine de la gestion des finances publiques élargissent considérablement le champ des attributions de la Chambre des comptes*[50] *»*. Ces innovations sont telles qu'il est possible désormais de distinguer les finances publiques camerounaises avant et après 2018[51]. Avec la loi portant régime financier de l'État et des autres entités publiques, les ordonnateurs et contrôleurs financiers font leur entrée dans le champ de compétence de la Chambre des comptes. Dès 2018, la Haute juridiction a tenu à préciser ses missions au regard des lois de 2018 en soulignant qu'elle est compétente désormais pour *« juger les ordonnateurs, les contrôleurs financiers* (...)[52] *»*. Elle a eu à le rappeler en

[50] MEKOBE SONE Daniel, premier Président de la Cour suprême, in avant-propos au Rapport annuel de la Chambre des comptes de 2018, p. 7.
[51] SIETCHOUA DJUITCHOKO (C), « ''Les finances publiques camerounaises'' après la réforme de 2018 », *Mélanges Etienne Charles LEKENE DONFACK*, Paris, l'Harmattan, 2024, vol. 2, pp. 211-223.
[52] Telle est la 3ème mission de la Chambre des comptes sur une dizaine, déclinée avec un soin particulier dans son Rapport annuel 2018, précité, p. 4.

2019[53] et ultérieurement,[54] montrant à quel point elle est attachée à cet élargissement de sa compétence dont elle a conscience de l'enjeu[55].

Il était temps, est-on tenté de le dire.

---

[53] Voir Chambre des comptes de la Cour suprême, Rapport annuel 2019, p. 4.

[54] Dans ce sens, voir Chambre des comptes de la Cour suprême, Rapports annuels 2020, p. 9, 2021, p. 5, 2022, p. 8.

[55] PEKASSA NDAM (G-M), AKONO OLINGA et BATIA EKASSI (S), « L'enjeu de l'élargissement de la compétence du juge des comptes par la faute de gestion en Afrique centrale : le cas du Cameroun », *RFFP*, n°157, 2022, pp. 75-93.

CHAPITRE 2 :

UTILISER LES RESSOURCES DE LA LOI POUR FAIRE UNE PLACE À LA RESPONSABILITÉ DE L'ORDONNATEUR

En reportant la responsabilité de l'ordonnateur sur celle du comptable public, et en le qualifiant successivement de comptable de fait ou de régisseur, la Chambre des comptes a exprimé le souci de régler un problème créé par la loi du 21 avril 2003 et ancré profondément dans la pratique, servant par là même de ressort à la prétendue irresponsabilité de l'ordonnateur devant la juridiction des comptes. Alors que les lois et règlements ne ferment pas complètement la possibilité de soumettre l'ordonnateur à des contrôles du juge des comptes, cette supposée irresponsabilité de l'ordonnateur pourrait feindre l'observateur non averti.

Il existe par conséquent, dans la jurisprudence, une volonté de la Haute juridiction que l'on peut aisément déceler, de soumettre l'ordonnateur à des contrôles en engageant, le cas échéant, sa responsabilité pécuniaire.

Il est facile de constater cette substitution de responsabilité en suivant le chemin qui mène du transfert de responsabilité de l'ordonnateur à celle du comptable, en passant par la gestion de fait, pour finalement faire de l'ordonnateur le gestionnaire des recettes ou des avances.

I. La substitution de la responsabilité de l'ordonnateur à celle du comptable

La Chambre des comptes a manifesté dans la jurisprudence le souci de régler le problème des rapports entre l'ordonnateur et le comptable lorsque ces rapports se tendent : la réquisition de l'ordonnateur sur le comptable.

D'un autre côté, la Haute juridiction a admis après le législateur que la réquisition régulière de l'ordonnateur emporte la substitution de la responsabilité du comptable par celle de l'ordonnateur. C'est ainsi que la Chambre des comptes se met en mesure de contrôler l'ordonnateur.

A. Le procédé de substitution : la réquisition de l'ordonnateur sur le comptable

La réquisition est une règle insuffisamment étudiée de notre droit public financier[56] et qui n'a pas encore fini de se dévoiler. Comment ne pas souligner le cas largement méconnu de la réquisition du ministre des Finances sur le contrôleur financier ? Ce droit est en effet l'apanage du ministre des Finances, qui nomme le contrôleur financier auprès des ordonnateurs principaux et des ordonnateurs secondaires placés à la tête des services déconcentrés[57]. En matière de gestion financière publique, il ne peut être passé outre au refus de visa du contrôleur financier sur les opérations budgétaires, des propositions d'actes de dépenses qui lui sont transmises par les ministres ou les ordonnateurs délégués. Mais, le contrôleur financier peut être réquisitionné par écrit par le ministre des Finances. Dans ce cas, *« la responsabilité*

[56] Voir cependant LUDWIG (R), « Essai sur la réquisition de paiement », *RSF*, 1967, pp. 657 et s.
[57] Article 70, alinéa 1, de la loi n°2018/012 du 11 juillet 2018 portant régime financier de l'Etat et des autres entités publiques.

du ministre chargé des finances se substitue à celle du contrôleur financier[58] ».

Cette forme de réquisition ne saurait faire oublier celle plus familière de la réquisition de l'ordonnateur sur le comptable qui a attiré l'attention du juge des comptes.

Le mérite revient à la 3e Section de la Chambre des comptes d'avoir élucidé la réquisition de l'ordonnateur sur le comptable dans l'arrêt n°5/AD/CSC/CDC/S3 du 23 mai 2012, *Compte de gestion de la Chambre d'Agriculture, de l'Élevage et des forêts du Cameroun (CHAGRI), Exercices 2004 et 2005*[59].

Selon l'arrêt provisoire de la 3e Section de la Chambre des comptes, le comptable doit restituer la somme de 5.622.694 F CFA à la caisse de la CHAGRI, représentant le montant des indemnités irrégulièrement payées, ou produire toute autre justification à sa décharge. En effet, il était apparu à l'examen du compte de gestion du comptable que nonobstant la circulaire du ministre des Finances n°003/MINFI/B du 03 janvier 2005 portant instruction relative à l'exécution et au contrôle de l'exécution du budget de l'État et des organismes subventionnés, suspendant le mandatement des indemnités pour heures supplémentaires à l'exception de celles effectuées par le personnel des cabinets des membres de gouvernement et assimilés, le président de la CHAGRI avait néanmoins pris une décision accordant des indemnités pour heures supplémentaires assorties d'un ordre de paiement au comptable, à hauteur du montant de la somme susvisée. Mais le comptable ayant décelé l'irrégularité entachant la décision du président en avait suspendu le paiement.

---

[58] Article 70, alinéa 3.

[59] Sur cet arrêt et son analyse, se reporter utilement à SIETCHOUA DJUITCHOKO (C), *La Chambre des comptes de la Cour suprême du Cameroun*, *op.cit.*, pp. 244-253.

Confronté au refus opposé par le comptable, l'ordonnateur l'avait réquisitionné pour procéder au paiement effectif de la dépense.

En réponse à cette injonction, le comptable va produire la réquisition écrite de l'ordonnateur au vu de laquelle la 3e Section de la Chambre des comptes, dans l'arrêt définitif sous revue, allait réviser sa position en mettant hors de cause le comptable dont la responsabilité est désormais reportée sur l'ordonnateur.

Bien que les attentes n'aient pas été satisfaites, l'issue de l'affaire révèle des éléments intéressants. En effet, on se demande pourquoi la demande n'a pas été approuvée par le juge des comptes. L'analyse de la décision révèle que la demande était impossible, ce qui a entraîné l'échec de l'action du président de la CHAGRI et son rejet par le juge des comptes. Il existe en effet des motifs pour lesquels aucune réquisition n'est possible[60]. Il s'agit là d'une constance du droit de réquisition[61]. Les motifs de la réquisition impossible sont déclinés de nos jours dans le décret 07 juillet 2020 portant règlement général de la comptabilité publique. Il s'agit de :

- l'indisponibilité de crédits ;
- l'absence de justificatifs du service fait, sauf pour les avances et les subventions ;

---

[60] LUDWIG (R), « Sur certains aspects de la réquisition de paiement », *RFFP*, 1999, n°66, p. 81.

[61] A cet égard, l'instruction générale sur la comptabilité de l'Etat fait interdiction à l'ordonnateur d'user de son droit de réquisition lorsque la suspension du paiement de la dépense est fondée soit sur une erreur ou falsification de l'identité du bénéficiaire, l'absence ou l'insuffisance de crédits ou de fonds disponibles, soit sur l'absence de certification des prestations ou omission, erreur matérielle et irrégularité des pièces justificatives. Des interdictions analogues étaient prévues dans le décret n°2013/16 du 15 mai 2013 portant règlement général de la comptabilité publique.

- le caractère non libératoire du paiement ;
- l'absence du visa du contrôleur financier lorsque ce visa est obligatoire[62].

À ces motifs, il faut ajouter le cas de suspension de certaines dépenses ordonnées par le ministre des finances révélé dans le présent arrêt. Un tel motif est nouveau et on réalise qu'il accroît la catégorie des réquisitions impossibles.

À l'opposé, tous les autres cas entrent dans le registre des réquisitions régulières, sous réserve du respect des conditions de forme. En vue de sa régularité formelle, la réquisition s'analyse en effet comme un acte administratif unilatéral. À ce titre, elle doit réunir certaines conditions : être écrite, datée, comporter le visa et revêtir la signature de l'ordonnateur.

La directive de cet arrêt est parfaitement résumée par le Professeur Célestin SIETCHOUA DJUITCHOKO, qui écrit : « *il y a lieu de distinguer, en fonction des lois et règlements en vigueur, les réquisitions autorisées des réquisitions interdites. À cela s'ajoute l'impossibilité pour l'ordonnateur de réquisitionner le comptable dès lors que les paiements sont suspendus par une note circulaire du ministre chargé des finances*[63] ».

C'est précisément à la lumière de cette distinction qu'il convient d'envisager les conséquences de la réquisition dégagée par le juge de l'espèce, à savoir la substitution de la responsabilité de l'ordonnateur à celle du comptable.

---

[62] Article 72, alinéa 4, du décret n°2020/376 du 07 juillet 2020 portant règlement général de la comptabilité publique.

[63] SIETCHOUA DJUITCHOKO (C), *op.cit.*, n°5, p. 248.

B. Les conséquences de la réquisition sur la responsabilité de l'ordonnateur

Aux termes de l'article 48, alinéa 2, de la loi n°2003/005 du 21 avril 2003 fixant les attributions, l'organisation et le fonctionnement de la Chambre des comptes « (…) *le comptable n'est pas responsable ou peut être déchargé de sa responsabilité en dépit d'une avance ou d'un déficit comptable : s'il a obéi à une réquisition régulière de l'ordonnateur* (…) ». L'article 72, alinéa 5, du décret du 07 juillet 2020 portant règlement général de la comptabilité publique ajoute : *« Lorsque le comptable procède au règlement de la dépense sur réquisition de l'ordonnateur, en dehors des cas limitativement visés à l'alinéa 4 ci-dessus, la responsabilité de l'ordonnateur est substituée à celle du comptable »*. Enfin, l'article 52, alinéa 2, de la loi du 21 avril 2003 précitée dispose : « *Les comptables ne peuvent donner suite aux ordres ou réquisitions des ordonnateurs que dans les conditions prévues par les lois et règlements en vigueur* ». On retrouve à nouveau au cœur de ce dispositif juridique la distinction déjà évoquée entre réquisition régulière et réquisition irrégulière dont il faut s'attacher aux conséquences de l'une et l'autre.

Si la réquisition est irrégulière, le comptable doit absolument refuser de régler la dépense[64]. Un comptable qui procède autrement verrait sa responsabilité personnelle et pécuniaire engagée par la Chambre des comptes.

Mais, pour quelle raison la 3e Section de la Chambre des comptes a procédé, malgré tout à la substitution de la responsabilité de l'ordonnateur de la CHAGRI à celle du comptable qui a accepté le paiement des mandats sur la base d'une réquisition illégale ? En fait, la Haute juridiction n'a

---

64 NECTOUX (A), « Sur le refus de paiement opposé par les comptables publics », *R.A*, n°121, janvier-février 1968, pp. 456-464.

point dérogé à cette règle. Elle s'est limitée à la stricte application des dispositions de l'article 84 de l'ordonnance n°62/OF/4 du 07 février 1962 portant régime financier de l'État applicable à l'époque des faits et qui dispose que : « *Le paiement d'un titre de paiement délivré par l'ordonnateur peut être suspendu par le comptable assignataire de la dépense lorsque le montant de ce mandat excède la limite du crédit sur lequel il doit être imputé ou qu'il y a omission, erreur matérielle ou irrégularité dans l'établissement du titre lui-même ou dans les pièces justificatives qui sont produites. Dans ces cas, l'ordonnateur peut requérir qu'il soit passé outre* (…) ». Autrement dit, sous l'empire de l'ordonnance du 07 février 1962, le droit de réquisition de l'ordonnateur ne rencontrait pas de limites. Il suffisait que la réquisition soit régulière pour déclencher ses effets, appréciés à leur juste valeur par le juge de cette espèce, qui consistent en la substitution de responsabilité de l'ordonnateur à celle du comptable.

La réquisition régulière, celle dont la législation et la règlementation visent expressément, entraine la substitution de responsabilité de l'ordonnateur au comptable à raison de la dépense effectuée.

Mais au juste, que signifie cette formule ? En résumé, cela signifie que, à la suite du transfert de responsabilité du comptable vers l'ordonnateur, celui-ci est désormais personnellement et financièrement responsable de la dépense. Dès lors, il est l'objet de contrôle de la part du juge des comptes par le biais de la dépense. Comme résultat du contrôle, le juge des comptes va lui infliger un débet à concurrence du montant de la somme en cause.

C'est également dans cette perspective de contrôle que la Chambre des comptes s'est déployée en procédant à une nouvelle qualification de l'ordonnateur assimilé à un comptable de fait.

II. L'ordonnateur déclaré comptable de fait

Quel est le point commun entre l'arrêt-avant-dire droit des Sections réunies de la Chambre des comptes en date du 30 août 2012, EFFALA ESSOMBA, ROULY MBILA Jean, MINKONGO Thomas Louis, Exercices 2005 et 2006[65], et les arrêts respectifs de la 1re Section de la Chambre des comptes en date du 24 janvier 2012, BELLO Léonard[66] et de la 2e Section en date du 06 juin 2012, *Compte de gestion de la commune rurale de Mogode, Exercice 2006*[67] ? Malgré la divergence des faits à leur origine, ces arrêts convergent autour d'une catégorie d'agents qui s'ingèrent sans droit dans les fonctions réservées par la législation et la règlementation à des comptables publics patents : les comptables de fait. Une notion qu'il convient d'éclaircir au préalable.

A. La notion de comptable de fait

L'intérêt porté par la Haute juridiction aux comptables de fait ne résulte pas seulement de l'affirmation de sa compétence, conformément à l'article 2 de la loi du 21 avril 2003 qui dispose : *« La Chambre des comptes contrôle et juge les comptes et documents en tenant lieu des comptables publics patents ou de fait »*, mais aussi de sa volonté de *« densifier son contrôle sur la gestion de fait »*, un phénomène déviant qui atteint maintenant des proportions élevées dans la gestion financière publique et tend même à se banaliser alors qu'il s'agit d'une pathologie

[65] Arrêt n°94/ADD/CSC/CDC/SR du 30 août 2012, EFFALA ESSOMBA, ROULY MBILA Jean, MINKONGO Thomas Louis, Exercices 3005 et 2006.

[66] Arrêt n°4/CSC/CDC/S1/12 du 04 janvier 2012, Déclaration de gestion de fait. Mis en cause BELLO Léonard.

[67] Arrêt n°78/AD/CSC/CDC/S2 du 06 juin 2012, Compte de gestion de la commune rurale de Mogode, Exercice 2005.

requérant une thérapie de choc[68]. La juridiction des comptes participe, à sa manière, à la lutte contre ce phénomène sans préjudice des prérogatives des autres organismes et institutions en la matière.

C'est dans ce sens que le législateur, par la loi du 21 avril 2003 précitée, définit négativement le comptable de fait comme étant *« toute personne qui, n'ayant pas qualité de comptable ou n'agissant pas en cette qualité, s'ingère dans les opérations de recettes et de dépenses, de maniement des valeurs, de deniers publics, ceux réglementés ou non réglementés, ainsi que ceux des établissements publics et des entreprises du secteur public et parapublic*[69] *»*.

Par ailleurs, le décret du 07 juillet 2020 portant règlement général de la comptabilité publique s'aligne sur cette conception dans l'article 38 qui dispose : *« Est comptable de fait, toute personne qui, sans avoir qualité de comptable public ou sans agir sous le contrôle et pour le compte d'un comptable public, s'ingère dans le recouvrement des recettes, le règlement des dépenses et le maniement des fonds et valeurs appartenant à l'État*[70] *»*.

Par voie de conséquence, l'un des critères de la comptabilité de fait est l'ingérence dans le recouvrement des recettes et/ou le paiement des dépenses. À cela s'ajoute un autre critère pris de l'ingérence dans le maniement des fonds et valeurs publics. Ces critères n'étant pas

---

[68] Revoir SIETCHOUA DJUITCHOKO (C), *La Chambre des comptes de la Cour suprême*, op. cit., n° 1 à 5, pp. 448-450.

[69] Article 6, alinéa 1, de la loi n°2003/005 du 21 avril 2003 fixant les attributions, l'organisation et le fonctionnement de la Chambre des comptes de la Cour suprême.

[70] Voir plus généralement les alinéas 1 et 2 de l'article 38 du décret n°2020/375 du 07 juillet 2020 portant règlement général de la comptabilité publique.

cumulables, un seul suffit pour que l'on soit en présence de la comptabilité de fait.

Mais, des interrogations subsistent sur la notion de comptabilité de fait souvent associée à celle de gestion de fait[71] dans la jurisprudence de la Chambre des comptes comme dans la règlementation. Selon l'économie générale de la jurisprudence, cette question n'a pas lieu d'être dans la mesure où la gestion de fait, c'est-à-dire la gestion d'un agent dépourvu de qualité, implique, après sa découverte, qu'il produise le compte de sa gestion. Ce compte ne peut pas être un compte patent comme ceux des comptables patents, mais plutôt une comptabilité de fait[72].

La jurisprudence susvisée s'articule autour de deux points essentiels :

- la découverte de la gestion de fait ;
- la sanction de la gestion de fait.

1. La découverte de la gestion de fait

L'arrêt-avant-dire droit des Sections réunies de la Chambre des comptes sus-évoqué, EFFALA ESSOMBA, ROULY MBILA Jean, MINKONGO Thomas Louis, Exercices 2005 et 2006, révèle qu'à la demande du ministre délégué à la présidence de la République chargé du contrôle supérieur de l'État, les agents mentionnés dans l'arrêt avaient été traduits devant le Conseil de discipline budgétaire et financier (CDBF) qui s'était déclaré incompétent au motif que les faits pour lesquels les intéressés étaient poursuivis ressortissent de la compétence

---

[71] BEYENE BELINGUE (H.F), *La gestion de fait en droit budgétaire camerounais*, Thèse Doctorat/*Ph.D*, Faculté des Sciences Juridiques et Politiques, Université de Dschang, 2020, 404 p.

[72] Sur cette nuance, voir DESCHEEMAEKER (C), « Gestion de fait », *Jurisclasseur administratif*, 1993, fascicule 1265.

de la Chambre des comptes. L'affaire fut transmise ultérieurement par l'Institution Supérieure de Contrôle des Finances publiques, en l'occurrence le Contrôle supérieur de l'État (CONSUPE), à la Chambre des comptes pour compétence. La Haute juridiction avait, en avant-dire droit, décidé de la jonction des différentes procédures.

Il est indéniable, ici, que la gestion de fait ait été découverte par un organe administratif, le CONSUPE, qui l'a, à son tour, transmise à la Chambre des comptes pour compétence.

Et bien que l'arrêt ne dévoile pas le motif d'incompétence du CDBF, il est possible que le CONSUPE ait simplement tiré les conséquences de la loi du 21 avril 2003 en son article 39 qui dispose : (3) *« Les comptabilités de fait sont découvertes, soit par l'administration, soit par un audit interne ou externe. Ils sont communiqués à l'institution supérieure de contrôle par les soins des structures qui les ont identifiés »*. (4) *« Saisie des cas de comptabilités de fait et des pièces justificatives, l'institution supérieure de contrôle procède sans délai aux vérifications nécessaires, et, le cas échéant, à la déclaration de la comptabilité de fait* (...). *L'institution supérieure de contrôle adresse copie du dossier au président de la Chambre des comptes pour compétence* (...) ».

Il est vrai que l'application de cette disposition n'est pas des plus appréciables dans la pratique dans la mesure où des administrations découvrent des cas de comptabilité de fait, procèdent à la sanction des auteurs sans en référer à l'ISC[73]. Consciente ou non, cette opposition pourrait gripper le

[73] Sur cette question en général, voir GOUDEM LAMENE (B), « La constatation des gestions de fait en droit budgétaire camerounais », *RADSP*, Vol. III, 2015, pp. 65-86.

mécanisme prévu par le législateur en affectant le traitement contentieux aval de la comptabilité de fait.

À l'inverse, la 1re Section de la Chambre des comptes dans l'affaire BELLO Léonard a découvert un cas de comptabilité de fait à la faveur du jugement du compte de gestion de la circonscription financière du Nord-ouest de l'exercice 2005. Elle a, dans la foulée, mis en cause le sieur BELLO Léonard par une déclaration de gestion de fait à son encontre.

Il n'est pas courant dans la jurisprudence que le juge des comptes découvre la gestion de fait et opère simultanément une déclaration de celle-ci. En principe, *« la Chambre des comptes déclare d'abord la comptabilité de fait par arrêté provisoire. L'arrêté provisoire enjoint au comptable de fait de produire son compte. Il lui est imparti un délai de trois mois pour répondre à l'arrêté à compter de la notification de celui-ci*[74] *»*. Cependant, c'est par le canal d'un autre arrêt que la Chambre des comptes devra confirmer la déclaration de comptabilité de fait et statuer sur le compte[75].

Le juge de la 2e Section de la Chambre des comptes suit la même démarche dans l'arrêt *Compte de gestion de la commune rurale de Mogode, Exercice 2006*, à une nuance près : il s'est contenté d'annoncer l'ouverture d'une procédure de gestion de fait contre le maire après sa découverte à l'occasion du jugement du compte de gestion du receveur municipal.

Il y a bien sûr parfois une divergence d'approche des Sections compétentes de la Chambre des comptes qui ne diminue en rien la réalité de la découverte juridictionnelle de la gestion de fait à laquelle le juge procède. De plus, cette découverte ouvre la voie au contrôle de la comptabilité de

---

[74] Article 41, alinéa 1, de la loi du 21 avril 2003, précitée.
[75] Article 41, alinéa 2.

fait et à son éventuelle sanction. Quelle est donc cette sanction ?

2. La sanction de la gestion de fait

La Chambre des comptes a indiqué dans la jurisprudence que, suite à la déclaration de comptabilité de fait consécutive à la découverte de la gestion de fait, son auteur est enjoint de produire son compte de gestion pour les besoins de son apurement[76]. Dans l'examen du compte de gestion de fait[77], la Haute juridiction s'est penchée particulièrement sur cette triade établissant les liens de procédure entre la découverte, la déclaration et la sanction de la gestion de fait.

Il est important de noter que la spécificité de la gestion de fait tend à s'estomper lorsqu'il est question de procédure de sanction. En effet, le contrôle et le jugement des écritures comptables de fait, accompagnés des pièces justificatives, sont désormais alignés sur ceux régissant le contrôle et le jugement des comptes des comptables publics patents[78]. Plus explicite, le décret du 07 juillet 2020 portant règlement général de la comptabilité publique en son article 38, alinéa 2, précise pour sa part que *« la gestion de fait entraine, pour son auteur déclaré comptable de fait par la juridiction des comptes, les mêmes obligations et responsabilités que la gestion patente pour le comptable public »*.

La loi énumère trois conséquences possibles pour un comptable en exercice illégal :

---

[76] BERTUCCI (J-Y) et DOYELLE (A), « L'apurement des gestions de fait », *AJDA*, 1998, p. 236.
[77] DESCHEMAEKER (C), « L'examen du compte de gestion de fait et les condamnations à des amendes », *RFFP*, n°66, 1999, pp. 65-70.
[78] Article 44.

1. La libération[79] du comptable si la Chambre des comptes le disculpe après avoir examiné et jugé son compte ;
2. Le débet, c'est-à-dire l'obligation de payer une somme d'argent, si sa responsabilité est engagée ;
3. L'amende pour intrusion du comptable dans les fonctions d'un comptable public[80].

L'objectif pour le juge des comptes après la déclaration de la comptabilité de fait est de contrôler et juger l'ordonnateur qualifié de comptable de fait.

B. L'ordonnateur érigé en comptable de fait

Dans la loi du 21 avril 2003 fixant les attributions, l'organisation et le fonctionnement de la Chambre des comptes de la Cour suprême, le comptable de fait est appréhendé par l'article 8 comme *« toute personne »* identifiable par son défaut de qualité de comptable ou n'agissant pas en cette qualité, et la caractéristique de l'opération à laquelle il s'adonne, à savoir l'immixtion dans les opérations des recettes et des dépenses ou le maniement des valeurs et de deniers publics. Le deuxième alinéa de l'article 38 du décret du 7 juillet 2020, qui établit le Règlement général de la comptabilité publique, mentionne l'auteur de la gestion de fait désigné comme comptable de fait par la Cour des comptes.

---

[79] DONGMO (S), *La décharge de gestion en finances publiques au Cameroun*, Thèse de Doctorat/*Ph.D*, Faculté des Sciences Juridiques et Politiques, Université de Dschang, 2022, 466 p.

[80] Voir article 38, alinéa 3, du décret du 07 juillet 2020, précité. Cette amende, il est précisé dans cette disposition, *« est calculée suivant l'importance et la durée de la détention et du maniement des deniers. Son montant ne peut dépasser le total des sommes indument détenues ou maniées »*.

Cependant, il est difficile pour le moins d'imaginer le législateur déclinant les composants de la catégorie des comptables de fait. Cette attitude pourrait également être influencée par le fait que presque tous les agents publics sont susceptibles d'en faire partie[81]. Aussi, la détermination des comptables de fait est-elle devenue une sorte de contrainte pour le juge des comptes auquel cette tâche a été abandonnée. Les conclusions de l'examen de la jurisprudence ont de quoi conforter cette analyse. Les comptables de fait se recrutent parmi les intendants, les directeurs des administrations centrales et décentralisées, les régisseurs et les ordonnateurs. D'après la jurisprudence, M. BELLO Léonard, préfet du BOYO, possède la qualité d'ordonnateur secondaire, alors que le maire de la commune rurale de Mogodé est un ordonnateur principal. La Chambre des comptes a procédé à la décharge du premier après qu'il ait produit les justificatifs de son compte d'emploi, validés du reste par la collégialité. Une procédure de gestion de fait a été ouverte à l'encontre du second pour l'extraction irrégulière des fonds de la caisse du receveur municipal.

C'est ici que l'on accède au second palier dont la finalité consiste à assujettir les ordonnateurs qualifiés de comptables de fait à des contrôles de la juridiction des comptes. L'avantage est double : étendre la responsabilité des ordonnateurs par le biais de la gestion de fait et les soumettre corrélativement à des contrôles relativement à cette gestion.

La quintessence de la jurisprudence déclinée ci-dessus prouve que cet objectif est pleinement atteint par le juge des comptes. Il l'est moins en ce qui concerne les ordonnateurs érigés en régisseurs.

---

[81] DESCHEMAEKER (C), « Comment devient-on comptable de fait ? », *Pouvoirs*, n°8, 1991, pp. 15-31.

C. L'ordonnateur qualifié de régisseur

On aborde avec ce dernier point l'opération qualifiante par laquelle la Chambre des comptes étend son contrôle sur l'ordonnateur. Techniquement, l'ordonnateur et le comptable sont chargés de la gestion financière publique. Pour assurer celle-ci en tout état de cause, s'était constituée depuis longtemps une catégorie d'agents subordonnés, à savoir les régisseurs, dont l'existence et la présence ne se justifiaient que par la nécessité de pallier certaines difficultés d'exécution des dépenses ou de recettes de menue importance[82].

A. Le régisseur, une catégorie mal circonscrite d'agent subordonné chargé de l'exécution du budget

Le pragmatisme le plus absolu s'était ainsi transposé à l'intérieur de la gestion financière en imposant cette catégorie d'agents subordonnés chargés de l'exécution du budget. Si nous insistons sur la position de dépendance des régisseurs, nous accordons en même temps une attention particulière à leur positionnement sous les ordres d'un comptable. L'article 21, alinéa 1, du décret du 07 juillet 2020 portant règlement général de la comptabilité publique dispose que *« Les comptables publics peuvent avoir sous leur autorité des régisseurs de recettes et d'avances »*. Des mécanismes appropriés maintiennent ces derniers dans cette subordination. L'apurement des opérations des recettes et des dépenses des régisseurs incombe au comptable assignataire qui les intègre dans sa comptabilité[83]. À l'exception de la désignation du

---

[82] Comme le stipulait en son temps l'article 126 de l'ordonnance n°62/OF/4 du 07 février 1962 réglant le mode de présentation, les conditions d'exécution du budget de la République Fédérale du Cameroun, de ses recettes, de ses dépenses et de toutes les opérations s'y rapportant.

[83] Article 21, alinéa 2, du décret du 07 juillet 2020 portant règlement général de la comptabilité publique.

régisseur en fonction de ses responsabilités dans la gestion des recettes et des dépenses[84], il n'y a pas de statut spécifique pour les régisseurs, malgré le décret n° 86/05 du 15 janvier 1986 régissant les régies de recettes et d'avances et fixant le taux des indemnités de responsabilité de caisse[85].

Malgré tout, c'est en assimilant l'ordonnateur au régisseur que la Chambre des comptes va se permettre, une nouvelle fois, de contrôler sa gestion. Il ne s'agit pas de donner un point de vue personnel, mais plutôt de mettre en évidence la dégradation du statut de l'ordonnateur, qui est temporairement assimilé à un régisseur. C'est pourquoi il faut renoncer à poser le problème sous l'angle hiérarchique qui ne saurait prospérer en l'espèce.

B. La qualification insuffisamment établie de l'ordonnateur en régisseur

L'arrêt n°06/AD/CSC/CDC/S3/12 du 30 mai 2012, *Compte de gestion de l'Office National du Cacao et Café (ONCC), exercices 2006 et 2007*, se distingue par sa solution qui a consisté pour la Haute juridiction à qualifier de régisseur le directeur général de cet établissement public.

En effet, l'injonction n°16, intitulée paiement des salaires et avantages au directeur général, demandait à ce dernier de verser dans la caisse de l'ONCC la somme de 51.040.000 francs CFA de salaires indument perçus sur une période de 16 mois en violation de la loi n°99/016 du 22 décembre 1999 portant statut général des établissements publics et des

---

[84] On parle de régie d'avances chargées du paiement de dépenses et de régies de recettes pour celles qui s'occupent de catégories déterminées de recettes. Sur l'une et l'autre ou les deux à la fois, voir les dispositions des articles 21, 78, 79 et 80 du décret du 07 juillet 2020, précité.

[85] Pour plus d'information à ce sujet, voir BANA (L), Le régisseur en droit de la comptabilité publique au Cameroun, Thèse Doctorat/Ph.D, Faculté des Sciences Juridiques et Politiques, Université de Dschang, 2022, 465 p.

entreprises du secteur public et parapublic et de l'article 7 du décret n°87/1141 du 20 août 1987, qui dispose que tout dépassement de plafonds prévu est à la charge du responsable concerné. En réponse, le directeur général a tenu à rappeler que l'ONCC, créée par décret n°91/274 du 12 juin 1991, modifié et complété par le décret n°97/142 du 26 août 1997, a la nature d'un établissement public administratif régi par la loi du 22 décembre précitée. À ce titre, l'Office est doté d'un contrôle financier spécialisé et d'une agence comptable. Il se défend contre le grief relatif au dépassement du plafond de rémunération légale, il souligne que c'est le conseil d'administration qui a adopté la résolution n° 6 fixant les salaires et avantages du directeur général et de son adjoint, après les consultations et en tenant compte des pratiques en cours dans les établissements similaires (l'ARMP, l'ARSEL et l'ART). Bien plus, cette résolution n'a fait l'objet d'aucune note de rejet du contrôleur financier et de l'agent comptable et encore moins des tutelles de l'établissement que sont les ministres chargés respectivement des finances et du commerce. Enfin, a-t-il relevé, pour n'avoir pas été visé expressément par le décret du 12 juin 1991 portant création de l'ONCC et sa modification de 1997, le décret n°87/1141 du 20 août 1987 est par ce fait même devenu caduc et inopposable à la CNCC.

La solution retenue à cet égard par la 3e Section de la Chambre des comptes n'a donné aucune suite favorable aux moyens exposés par le directeur général, moyens du reste balayés les uns après les autres, mais s'est plutôt attachée à la rémunération litigieuse retracée dans le compte de l'ONCC. À ce titre, un compte public, souligne la Cour, est *« la traduction chiffrée de tout le patrimoine physique ou financier de la structure en question »*. Dès lors, le directeur général n'a pas été sanctionné pour les actes posés comme ordonnateur, mais comme bénéficiaire des fonds publics en violation des textes en vigueur susvisés. La Haute juridiction ajoute significativement que : *« de ce fait, il a manipulé des fonds publics et peut être assimilé à un régisseur des recettes et sanctionné en conséquence*[86] *»*.

Il n'a pas échappé dans cette espèce à l'avocat du directeur général de l'ONCC que ce dernier avait la qualité d'ordonnateur. Il a tenu à préciser que le directeur général n'est pas comptable public et encore moins comptable de fait avant de conclure à l'incompétence de la Chambre des comptes. La conception que la Haute juridiction se fait à cette préoccupation est que *« Monsieur X n'a pas été sanctionné pour les actes qu'il a posés comme ordonnateur, mais comme bénéficiaire des fonds publics en violation des textes en vigueur ci-dessus répertoriés »*. C'est sans surprise qu'elle a rejeté l'exception d'incompétence soulevée par cet avocat comme non fondée.

Dans ce contexte, la 3e Section de la Chambre des comptes a engagé la responsabilité du directeur général en lui infligeant un débet pour le remboursement de la somme de 51.040.000 francs CFA à la caisse de l'ONCC.

Cependant, on perçoit désormais avec la nette démarcation des entreprises publiques des établissements publics consécutive à la réforme de la loi n°2017/010 du 12 juillet 2017 portant statut général des établissements publics et de la loi n°2017/011 du 12 juillet 2017 portant statut général des entreprises publiques[87], une pressante demande d'évolution

---

[86] Sur cet arrêt et son analyse en général, voir SIETCHOUA DJUITCHOKO (C), *La Chambre des comptes de la Cour suprême*, op. cit., pp. 351-372.

[87] Ces lois sont complétées par les décrets n°2019/320 du 19 juin 2019 précisant les modalités d'application de certaines dispositions des lois n°2017/010 du 12 juillet 2017 portant statut général des établissements publics et de la loi n°2017/011 du 12 juillet 2017 portant statut général des entreprises publiques, n°2019/321 du 19 juin 2019 fixant les catégories d'entreprises publiques, la rémunération, les indemnités et les avantages de leurs dirigeants, n°2019/322 du 19 juin 2019 fixant les

de cette solution qui devra prendre parti également de la compétence désormais établie de la Chambre des comptes à connaître de la faute de gestion de l'ordonnateur.

De ce fait, il faut demeurer attentif à la façon dont ce problème sera abordé à l'avenir par le juge des comptes dans ses arrêts plutôt que de se satisfaire de cette solution qui fut, à juste titre, critiquée par la doctrine[88]. C'est une tâche d'autant plus nécessaire qu'elle requiert d'aller au-delà du contentieux en s'intéressant à l'activité non contentieuse de la Chambre des comptes, notamment dans son dialogue avec l'ordonnateur dans le cadre du contrôle de gestion.

---

catégories d'établissements publics, la rémunération, les indemnités et les avantages de leurs dirigeants, et les arrêtés n°0000200/MINFI du 04 mai 2020 portant classification des établissements publics au Cameroun, et n°0000201/MINFI du 04 mai 2020 portant classification des entreprises publiques au Cameroun.
Dans le secteur des entreprises publiques en particulier, le Professeur Jacques BIAKAN perçoit, au vu des textes organiques non pas une, mais des réformes axées sur la performance. Voir de l'auteur « Les réformes dans le secteur des entreprises publiques au Cameroun : la recherche de la performance », *Mélanges Etienne Charles LEKENE DONFACK*, précités, pp. 73-81. Compléter avec ALASSA MONGBAT, « Le régime financier des entreprises publiques au Cameroun. Actualité des règles financières applicables au service public marchand », *Mélanges Etienne Charles LEKENE DONFACK*, précités, pp. 701-721.

[88]SIETCHOUA DJUITCHOKO (C), op. cit., pp. 351-372.

CHAPITRE 3 :

LE DIALOGUE AVEC L'ORDONNATEUR DANS LE CADRE DU CONTRÔLE DE GESTION

Tandis que les comptables publics symbolisent le contrôle de la Chambre des comptes, qui est loin d'illustrer en totalité et en pertinence la vitalité et la volonté de la Haute Juridiction, contribuant à entretenir l'idée erronée et déformée sur l'étendue de ce contrôle qui porte également sur l'ordonnateur. Dans ce sillage, aussi bien en ce qui concerne les ministres, les recteurs des universités d'État, les directeurs généraux des établissements et entreprises publics, etc., la Chambre des comptes apporte sa modeste pierre au contrôle des ordonnateurs principaux.

Mais, l'aboutissement de ce contrôle serait impossible et sa valeur diminuée s'il ne se déployait pas dans un cadre non contentieux adapté, qui est, en l'occurrence, le contrôle administratif. En tant qu'il est un *Janus*, la Chambre des comptes se présente en effet sur deux facettes à la fois comme une juridiction et comme une administration chargée de promouvoir la transparence et la bonne gouvernance dans la gestion des finances publiques. À ce titre, elle *« donne de son initiative ou à la demande des intéressés, des avis et apporte assistance au gouvernement et au Parlement »*, souligne le premier président de la Cour suprême[89]. L'examen de gestion, pour reprendre la terminologie employée par la Haute Juridiction, auquel se livre la quatrième Section de la Chambre des comptes,

[89] Avant-propos de M. MEKOBE SONE Daniel, premier président de la Cour suprême, au Rapport annuel de la Chambre des comptes 2021, p. 9.

relève de cette dimension. Plus exactement, l'examen de gestion ou le contrôle de gestion de la Chambre des comptes porte sur la gestion des personnes autres que les comptables publics patents ou de fait. Ce type de contrôle est prévu par la loi du 21 avril 2003 fixant les attributions, l'organisation et le fonctionnement de la Chambre des comptes. Il s'ancre également dans la loi du 11 juillet 2018 portant régime financier de l'État et des autres entités publiques, qui a étendu la compétence matérielle de la juridiction des comptes au contrôle des ordonnateurs, des contrôleurs financiers et de tout administrateur du patrimoine public. Jusqu'en 2010, le contrôle de gestion était limité aux entreprises publiques et parapubliques. Depuis 2010, il s'est étendu à d'autres administrations publiques après des essais concluants en 2008 et 2009[90].

Or, il est indéniable que, dans ce cadre, l'ordonnateur se prête de bon gré au contrôle de gestion, lequel, à la différence du contrôle contentieux, n'emporte pas en principe de sanction. Ce passif constitue déjà l'une de plus lourde hypothèque de ce type de contrôle. D'où la nécessité que *le « courant passe bien »* entre la Chambre des comptes et l'ordonnateur par un dialogue responsable.

---

[90] La Chambre des comptes s'est exprimée ainsi sur l'évolution du contrôle de gestion : « *avant l'entrée en vigueur de la loi de 2018 portant régime financier de l'État et des autres entités publics, seules les entreprises publiques étaient soumises aux contrôles de gestion exercés par la quatrième Section. En vertu des dispositions de la loi sus visée, la Chambre des comptes a inscrit au programme d'activité de l'exercice 2020, l'examen de la gestion de certaines administrations, des établissements publics administratifs, des collectivités territoriales décentralisées et toutes entités antérieurement soumises uniquement au contrôle juridictionnel du compte de gestion produit par le comptable* ». Voir Chambre des comptes de la Cour suprême, Rapport annuel 2020, p. 30.

Il faut le dire sans détour : il n'y a pas de contrôle de gestion sans dialogue du juge des comptes avec l'ordonnateur. Dans cette forme de contrôle, comment ne pas souligner les sanctions prises à sa suite, même si elles relèvent d'autres autorités ? On a trop insisté sur l'absence de sanction de l'ordonnateur dans le contrôle de gestion, oubliant que ce contrôle constitue souvent l'antichambre de sanctions plus énergiques.

I. Pas de contrôle de gestion sans dialogue de la Chambre des comptes avec l'ordonnateur

Les éléments qui structurent le dialogue de la Chambre des comptes avec l'ordonnateur démontrent l'intérêt d'un tel dialogue.

A. Dialoguer avec l'ordonnateur, opérer le contrôle de l'entité publique et communiquer le résultat du contrôle

Mais, parler du dialogue de la Chambre des comptes avec l'ordonnateur, c'est parler de leurs échanges dans le cadre de la procédure de contrôle de gestion. Répondre aux observations de la Chambre des comptes, apporter les pièces complémentaires ou justificatives demandées, etc., permet à l'ordonnateur de faire droit à l'offre de dialogue de la Haute Juridiction. Certes, on peut se flatter que les ordonnateurs se prêtent de bonne foi au dialogue en général, mais ce constat encourageant ne reflète pas absolument la réalité qui est encore marquée par l'hostilité de certains ordonnateurs, réfractaires au dialogue. Le cas s'est présenté effectivement à la Société d'Expansion et de Modernisation de la Riziculture de Yagoua (SEMRY) où le directeur général n'avait pas daigné répondre aux observations provisoires de la Chambre des comptes qui en fait état dans son rapport définitif à fin de contrôle en ces termes : « *La quatrième Section de la Chambre des comptes de la Cour suprême réunie en séance de délibération le jeudi 18 juillet 2013 arrête définitivement ses observations, en l'absence de réponses de Monsieur le Directeur général de la SEMRY au rapport d'observations provisoires qui lui a été notifié en date du 22 novembre 2012* »[91]. Bien entendu, cette manœuvre n'a pas empêché la 4e Section de la Chambre des comptes de statuer sur la base des éléments disponibles recueillis auprès de cette entreprise publique.

L'initiative du dialogue vient généralement de la Chambre des comptes qui saisit l'ordonnateur compétent. À titre d'exemple, dans sa correspondance n°246/CDC /CSC du 31 mars 2010, Monsieur le Président de la Chambre des comptes faisait connaître au ministre des Finances qu'il entend déployer un contrôle des éléments suivants :

- la prise en charge des recettes fiscales par les receveurs des impôts et leur recouvrement ;
- la commande et la distribution des quittanciers dans le réseau de la Direction générale des impôts ;
- la gestion des valeurs inactives[92].

Il est évident, du reste, que la finalité de cette enquête consiste à éviter et limiter les pertes continues au préjudice du Trésor public des recettes fiscales concernées.

Mais, la Haute juridiction peut être saisie par les autorités compétentes aux fins d'audit spécifique de gestion. Un exemple récent illustre parfaitement l'audit spécifique de la Chambre des comptes qui a eu à se pencher

---

[91] Chambre des comptes de la Cour suprême, Rapport d'observations définitives à fin de contrôle des comptes de la Société d'Expansion et de Modernisation de la Riziculture de Yagoua (SEMRY), Exercices 2004-2007, p. 19.

[92] *Ibidem.*, p. 35.

sur l'évaluation de la gestion du Compte d'affectation spéciale dénommé : « *Fonds Spécial de Solidarité Nationale pour la lutte contre le Coronavirus et ses répercussions économiques et sociales* ». Cet audit avait été demandé à la Chambre des comptes par le président de la République. Fait encore plus remarquable, ce fonds, doté de 180 milliards FCFA et réparti dans quatre (04) programmes pilotes, a permis à la Chambre des comptes, dans son contrôle, d'ouvrir des pourparlers avec quatre (04) ministres sur les vingt-et-quatre (24) qui en étaient allocataires[93].

Des échanges avec l'ordonnateur, la Chambre des comptes tire les éléments dont elle a besoin pour compléter les informations indispensables à l'exercice de son contrôle de la gestion de l'entité dont la charge est confiée à cet ordonnateur. À titre d'exemple, dans son rapport définitif d'observations à fin de contrôle de la Société des Presses et d'Éditions du Cameroun (SOPECAM), la Haute juridiction dénonce des pratiques pouvant porter atteinte au patrimoine de l'entreprise. Le contrôle a notamment révélé l'acquisition par le procédé de gré à gré, en lieu et place de l'appel d'offres, des biens de seconde main d'une valeur supérieure à 5.000.000 FCFA. Non convaincue par l'argument du directeur général, selon lequel « *face à une conjoncture défavorable qui ne permettait pas à la SOPECAM ''le renforcement de son parc automobile'', les véhicules ci-après ont été acquis de seconde main auprès de la Communauté urbaine de Douala en contrepartie des prestations publicitaires fournies. (…)* », la Haute

[93] En effet, l'ordonnance n°2020/001 du 03 juin 2020 du président de la République avait prescrit un audit indépendant dont les résultats doivent être rendus publics. Le décret n° 2020/3221/PM du 22 juillet 2020 du Premier Ministre, Chef du Gouvernement et la circulaire n°00000220/C/MINFI du 22 juillet 2020 du Ministre des Finances ont désigné la Chambre des Comptes pour la réalisation de cet audit.

juridiction rejette ce moyen au motif qu' « *en plus de s'être soustraite à l'appel à la concurrence, la SOPECAM, en acquérant des biens d'occasion, a opté pour une pratique qui n'est pas prévue par la règlementation en vigueur et pour laquelle l'appréciation des prix et de la qualité, notamment reste arbitraire* »[94].

De même, dans le rapport définitif d'observations de la Chambre des comptes sur la gestion de l'entreprise AYABA HOTEL, il en ressort que « *la structure du capital telle qu'elle est présentée dans le bilan ne reflète pas une image fidèle de la situation financière de la structure* ». De fait, l'entreprise, sous l'autorité de son directeur général, n'avait pas reporté correctement toutes ses informations financières, notamment les données sur sa situation bancaire et sa situation de caisse au 31 décembre des exercices 2006, 2007 et 2008[95]. Bien plus, la Chambre des comptes relève qu'« *à la lecture des documents produits, il apparaît qu'AYABA HOTEL n'a mis sur pied aucun mécanisme lui permettant de recouvrer les créances de ses débiteurs* »[96] ou encore qu'« *aucune initiative n'a été prise pour le règlement des dettes* »[97].

Ceci nous donne l'occasion de revenir sur l'audit spécial de la gestion du « *Fonds Spécial de Solidarité Nationale pour la lutte contre le Coronavirus et ses répercussions économiques et sociales* ». À ce sujet, la Chambre des comptes a d'abord commis un premier rapport après avoir

---

[94] Chambre des comptes de la Cour suprême, Rapport d'observation provisoire à fin de contrôle de la Société des Presses et d'Edition du Cameroun (SOPECAM), Exercices 2004 et 2005, du 03 décembre 2008, pp. 13-14.

[95] Chambre des comptes de la Cour suprême, Rapport d'observations définitives à fin de contrôle des comptes d'AYABA HOTEL, Exercices 2006, 2007 et 2008.

[96] *Idem.*

[97] *Idem.*

audité quatre (04) ministres. Elle y conclut, entre autres, que « *l'attribution des marchés spéciaux s'est faite dans une grande opacité et a été propice à de nombreuses dérives, dont beaucoup sont susceptibles de recevoir une qualification pénale. L'utilisation de cette procédure dérogatoire au-delà du mois de juillet 2020 a été coûteuse pour les finances publiques* »[98]. Dans son deuxième rapport, la Haute juridiction relève qu'« *en l'absence de remontées d'informations par la plupart des ministères concernés vers le MINFI, et alors que la gestion comptable du Fonds spécial s'est caractérisée par des retards et par l'opacité, il ne pouvait pas y avoir un pilotage stratégique efficace du Fonds spécial ; à l'évidence, les autorités n'ont jamais eu en temps réel une vue globale des dépenses engagées ni envisagé l'évaluation de leurs effets* »[99]. Enfin, dans son troisième et dernier rapport, elle dénonce les marchés attribués, mais inexécutés : « *la Chambre a constaté l'inexécution de 12 marchés ou de lettres-commandes portant sur des travaux de construction ou de rénovation d'écoles, ou encore sur la fourniture de matériel scolaire et de produits de désinfection ». Voici le détail des six commandes passées et du contrat signé en février et mars 2022, pour un total de 253,5 millions FCFA. Ces commandes concernent la rénovation, la construction et l'équipement d'écoles dans les régions du Centre, du Littoral, de l'Ouest et du Sud. Surprenant, ces travaux n'avaient pas encore commencé au 31 décembre 2021*[100].

---

[98] Chambre des comptes de la Cour suprême, Rapport d'audit n°1, 2021, p. 124.

[99] Chambre des comptes de la Cour suprême, Audit du Fonds Spécial de Solidarité Nationale pour la lutte contre le Coronavirus et ses répercussions économiques et sociales, Exercice 2020, septembre 2022, p. 24.

[100] Chambre des comptes de la Cour suprême, Audit du Fonds Spécial de Solidarité Nationale pour la lutte contre le Coronavirus et ses répercussions économiques et sociales, Exercice2021, mars 2023, p. 77.

Dans cette mouvance, l'audit de certification du compte général de l'État dévoile la teneur du contrôle auquel la Chambre des comptes s'est livrée. Par exemple, il est amplement ressorti du rapport annuel 2020 de la Chambre des comptes que l'examen du compte général de l'État de l'exercice 2019 produit par le ministre des Finances en accompagnement du projet de loi de règlement du même exercice a mis en exergue de manière récurrente les anomalies et insuffisances qui portent sur « *l'absence d'inventaire du patrimoine de l'État et son évaluation ; l'absence de constitution des amortissements et des provisions sur certains éléments d'actifs ; le report infidèle des soldes des comptes patrimoniaux ; la non-comptabilisation des recettes recouvrées par compensation ; l'absence d'information sur certains comptes de produits et de charges ; les sens anormaux de certains soldes ; les comptes présentant des cumuls des mouvements négatifs en débit ou en crédit dans la balance ; les déficits comptables non régularisés ; la non-régularisation des chèques bancaires rejetés en compensation ; les incohérences dans l'apurement des dépenses à régulariser ; l'incohérence entre certains comptes de la balance générale des comptes ; la discordance des chiffres entre la balance générale des comptes et le projet de loi de règlement ; l'incertitude des montants du tableau des flux de trésorerie* »[101].

Les destinataires des rapports et observations qui sanctionnent le contrôle de gestion ne sauraient se limiter aux seules autorités supérieures que sont le président de la République, le président de l'Assemblée nationale ou du Sénat et les ministres de tutelle, dès lors qu'il reste évident que ce contrôle n'a pas de sens si les ordonnateurs contrôlés ne sont pas informés des résultats. Vus sous cet angle, les rapports et observations sont communiqués aux

---

[101] Chambre des comptes de la Cour suprême, Rapport annuel 2020, p. 105.

ordonnateurs concernés. Mais, pour quelle raison cette formalité est-elle importante pour l'ordonnateur ?

B. L'intérêt du contrôle de gestion pour l'ordonnateur

Le fait qu'à l'issue du contrôle de gestion, la Chambre des comptes adresse son rapport définitif à l'autorité compétente ne signifie pas que l'on milite avec moins de force pour la signification de ce rapport à l'ordonnateur de l'entité contrôlée. Le contrôle ayant révélé des failles financières, administratives et patrimoniales, il est normal que celles-ci soient portées à l'attention de l'ordonnateur. En effet, la Chambre des comptes parle à l'ordonnateur dans son rapport de contrôle en plus des autorités auxquelles elle destine ledit rapport.

C'est pourquoi une attention particulière doit être portée aux constatations opérées par la Chambre des comptes. Présentées dans son rapport, ces constatations devront permettre à l'ordonnateur de se faire une opinion éclairée sur les dysfonctionnements qui affectent la structure dont il a la charge. Il en est ainsi, en particulier, « *lorsqu'il y a des doutes sur la clarté, la loyauté, la complétude et l'exactitude des informations comptables, la sincérité est entamée et le comportement des gestionnaires est à cet égard fondamental sur leur intention de refléter ou non l'image du patrimoine de l'entreprise* »[102]. Autre exemple, à la suite du contrôle des comptes de la Société d'Expansion et de Modernisation de la Riziculture de Yagoua (SEMRY), le juge des comptes note que le responsable de cette entreprise a produit des inventaires portant sur les immobilisations sans préciser les procédures utilisées pour

---

[102] SIETCHOUA DJUITCHOKO (C.), *La Chambre des comptes de la Cour suprême du Cameroun…*, *op cit.*, p. 143.

les effectuer, ce qui remet en cause la sincérité de l'opération[103].

Il faut aussi le dire sans détour : aucun ordonnateur ne saurait rester insensible aux conclusions du rapport définitif de la Chambre des comptes concernant son entité. Cela n'est possible que s'il s'y intéresse, ce qui est généralement le cas eu égard non seulement aux enjeux, mais aussi aux implications possibles sur sa situation personnelle. Ainsi, lorsque la Haute juridiction note que le portefeuille de l'État dans une entreprise publique n'est pas parfaitement maîtrisé du fait de la pluralité d'intervenants sans une structure de consolidation, ce qui ne permet pas d'avoir une situation exhaustive des participations, de décliner pour l'entreprise le capital social, la répartition exacte de l'actionnariat et leur évolution dans le temps ; de suivre les performances de l'entreprise afin de s'assurer si elle est capable de distribuer des dividendes, niches potentielles des recettes budgétaires pour l'État[104] ; où que la comptabilisation des opérations liées aux participations de l'État demeure incomplète du fait du non-respect des procédures d'engagement des dépenses, l'absence d'une comptabilité patrimoniale, la non-intégration en comptabilité budgétaire des dépenses, telles que les prises de participations par apports en nature ou des recettes issues des cessions de parts sociales et des liquidations[105], c'est en réalité une interpellation qui concerne les pouvoirs publics certes, mais également l'ordonnateur.

Il convient de reconnaître qu'en passant au crible de son contrôle l'organisation générale et les états financiers des

---

[103] Chambre des comptes de la Cour suprême, Rapport d'observations définitives à fin de contrôle des comptes de la Société d'Expansion et de Modernisation de la Riziculture de Yagoua (SEMRY), Exercices 2004-2007, p. 18.

[104] Chambre des comptes de la Cour suprême, Rapport annuel 2018, p. 42.

[105] *Idem*.

entreprises publiques, la Chambre des comptes a mis à jour d'innombrables irrégularités qui affectent leur organisation, leurs finances et leurs patrimoines[106], une dégradation de la situation qui peut devenir rapidement critique pour l'entreprise. L'avantage pour l'ordonnateur est qu'il puisse tirer profit des constatations de la haute juridiction pour améliorer sa gestion. Cela lui permettrait d'adopter définitivement les meilleures pratiques comptables, financières et patrimoniales, qui apporteraient une meilleure lisibilité de ses activités, ce qui est un gage d'un bon rendement. Ce dernier élément est essentiel à l'amélioration de son portefeuille, c'est-à-dire de ses biens[107].

À ce sujet, l'ordonnateur doit prêter une grande attention au rapport de la Chambre des comptes qui vient en quelque sorte sonner l'alerte. Il a été justement souligné à ce sujet que « *les observations de la Chambre des comptes peuvent servir de documents d'alerte de l'Administration dans la mesure où elles constituent des indicateurs sur la situation des entreprises publiques. L'avantage pour l'Administration est d'être capable de prendre des mesures curatives éclairées par les analyses du juge des comptes et des mesures d'anticipation, et même avant-gardistes susceptibles d'éviter à temps des crises qui pourraient mettre en péril les entreprises publiques (...) le sauvetage des deniers publics peut encore influencer l'Administration en l'amenant à prêter attention aux observations du juge des comptes en ce que le fonctionnement normal des entreprises publiques est directement ou indirectement une ressource budgétaire non négligeable* »[108].

---

[106] SIETCHOUA DJUITCHOKO (C.), *La Chambre des comptes de la Cour suprême du Cameroun…*, *op cit.*, p. 150.
[107] *Idem.*
[108] *Ibidem*, pp. 150-151.

Il revient également à l'ordonnateur d'exploiter à bon escient les propositions ou recommandations que la Chambre des comptes « *estime devoir formuler en vue de la réforme et de l'amélioration de la tenue des comptes et de la discipline des comptables* »[109] pour améliorer la gestion de sa structure. S'exprimant à ce sujet, la Haute juridiction fait observer que « *le travail d'analyse qui en résulte permet, de manière générale, de tirer des conclusions qui favorisent un regard plus éclairé sur la gestion financière de l'État et de ses démembrements que sont les établissements publics administratifs et les entreprises du secteur public et parapublic* »[110]. À titre d'exemple, (06) six recommandations ont été faites à différentes autorités dans le troisième rapport relatif à la gestion du fonds COVID suscité, afin de les éclairer sur les solutions qui leur permettront d'améliorer leurs procédures de gestion[111]. Ces recommandations ont été respectivement formulées à l'endroit du :

- Premier ministre[112], chef du gouvernement :
- ministre des Finances[113] ;

---

[109] Selon les termes mêmes de l'article 3 de la loi n°2003/005 du 21 avril 2003, précitée.

[110] Rapport annuel pour 2007, p. 9.

[111] Chambre des comptes de la Cour suprême, Audit du Fonds Spécial de Solidarité Nationale pour la lutte contre le Coronavirus et ses répercussions économiques et sociales, Exercice 2021, mars 2023, p. 14.

[112] Au premier ministre, de solliciter l'avis du Conseil Scientifique des Urgences de Santé Publique sur la pertinence du maintien des tests de dépistage rapide (TDR) réalisés à l'arrivée des vols internationaux dans les aéroports et aux frontières terrestres, et tirer les conséquences de cet avis.

[113] Au ministre des finances, de veiller à la prise en compte, par le Payeur Spécialisé auprès du compte d'affectation spéciale COVID-19, des opérations effectuées dans le compte n° 470552 tenu par le Payeur Spécialisé auprès du MINSANTÉ jusqu'à sa clôture effective, conformément au point 2.20 de la circulaire n° 220/C/MINFI du 22

- ministre de l'Éducation de base[114] ;
- ministre des Affaires sociales[115] ;
- et du directeur général de la Caisse Autonome d'Amortissement[116].

À l'analyse des recommandations, il en ressort que le rapport d'audit est avant tout une aide à la gestion d'une organisation. L'objectif est d'identifier ses points faibles pour suggérer en retour des mesures correctrices. Celles-ci éclaireront les décideurs sur les solutions qui leur permettront d'améliorer leur gestion ou management[117].

Dès lors, peut-on raisonnablement parler de sanction de l'ordonnateur au terme du contrôle de gestion de la Chambre des comptes ? En engageant le dialogue avec l'ordonnateur, le juge des comptes ne se départit pas de sa

---

juillet 2020 ; d'annuler les procédures des dossiers « en instance », pour le compte de l'exercice 2020, proposés au report en 2021 et concernant les administrations ci-après : DGSN, MINDEF, MINCOM, MINT, MINMIDT, MINCOMMERCE, MINTSS.

114 Au ministre de l'éducation de base, d'informer le Ministère des Finances de toutes les modalités du financement de l'UNESCO dont il bénéficie dans le cadre du « Projet de riposte d'urgence contre la COVID-19 dans l'enseignement de base au Cameroun », ainsi que des activités du compte d'affectation spéciale COVID-19 financées par l'UNESCO dans le cadre de ce projet.

115 Au ministre des affaires sociales, de renseigner de façon exhaustive les bons de sortie ou les fiches de décharge des personnes prenant en charge des dons en nature ou en numéraire pour le compte d'associations, de façon à s'assurer de leur identité.

116 Au directeur général de la Caisse Autonome d'Amortissement, de veiller à la prise en compte du don des fondations MTN et MasterCard d'un montant de onze (11) millions USD, soit environ six milliards six cent millions (6 600 000 000) FCFA au titre de remboursement de la dette de l'État du Cameroun vis-à-vis d'Afreximbank.

117 Chambre des comptes de la Cour suprême, Audit du Fonds Spécial de Solidarité Nationale pour la lutte contre le Coronavirus et ses répercussions économiques et sociales, Exercice 2021, mars 2023, p. 14.

qualité d'organe de contrôle en servant ainsi de ressort à de possibles sanctions. Or, l'on sait aujourd'hui que le contrôle de gestion ne peut pas demeurer sans sanctions. S'achemine-t-on, dès lors, vers la sanction de l'ordonnateur au terme du contrôle de gestion ?

C. Vers la sanction de l'ordonnateur à la suite du contrôle de gestion ?

Le contrôle de gestion est en principe dépourvu de sanction. Il n'emporte aucune sanction pour l'ordonnateur, serait-on tenté de soutenir. Mais, une autre manière de lire les actes de la Chambre des comptes en la matière invite à dépasser ce principe avec la possibilité qui est donnée de sanctionner effectivement l'ordonnateur.

1. Le principe de la négation de la sanction de l'ordonnateur dans le contrôle de gestion à dépasser

En posant la question de la sanction de l'ordonnateur à la suite du contrôle de gestion, l'on ne prétend pousser l'audace de rupture jusqu'à dénaturer les actes et l'opinion de la Chambre des comptes dans ce cadre. Ce serait pure absurdité tant il est vrai que la Chambre des comptes ne prend en principe de sanction dans le contrôle de gestion. Ici, les avis et rapports de la Chambre des comptes ne sont pas des sanctions. Ces dernières se reconnaissent dans les décisions de justice, notamment les débets et amendes, qui sont étrangères par nature au contrôle de gestion. Or, dans ce type de contrôle où les constatations, propositions et recommandations de la Haute juridiction permettent aux décideurs de tirer des conclusions qui les aident à poser un regard plus éclairé sur l'état de l'organigramme, des finances et du patrimoine de l'entité dont ils ont la charge, ces constatations, propositions et recommandations doivent rester ce qu'elles ne sont en réalité, ni plus ni moins. Mais, la respectabilité du contrôle de gestion ne peut subsister que dans l'exacte mesure où il fait bouger les lignes chez les gestionnaires, et ne peut par conséquent demeurer lettre morte. La sanction, nécessaire pour accompagner le contrôle de gestion, devrait être mise à contribution, aussi bien par la Chambre des comptes que par les autorités concernées. Mais, comment procéder encore une fois sans dénaturer le contrôle de gestion ? Comment reconsidérer la sanction de l'ordonnateur dans le contrôle de gestion ?

2. L'affirmation de la sanction à reconsidérer

Dans un certain sens, la sanction de l'ordonnateur à l'issue du contrôle de gestion peut revêtir une forme indirecte ou directe.

Indirectement, la sanction passe par le canal des autorités compétentes auxquelles la Chambre des comptes remet son rapport de contrôle. En effet, après la réception des rapports définitifs d'observation à fin de contrôle, les rapports d'audit et de certification de comptabilité publique, les autorités compétentes peuvent déclencher des sanctions administratives ou engager des poursuites pénales des ordonnateurs concernés. Jusqu'à une certaine date, c'était le procédé privilégié de sanction de l'ordonnateur dans le cadre du contrôle de gestion.

Si, en vertu de la loi, les rapports définitifs d'observations à fin de contrôle des entreprises publiques sont transmis par la Chambre des comptes aux autorités de tutelle technique et financière concernées, ainsi qu'au procureur général près la Cour suprême, des sanctions administratives peuvent être envisagées éventuellement par ces autorités et des poursuites pénales engagées par le ministère public en conséquence. En effet, ces rapports et certifications constituent à coup sûr de leviers d'autres contrôles et sanctions administratifs et des prétextes à des poursuites pénales. Il est aussi clair, dans ces conditions, que ces sanctions dépendent largement des autorités de saisine. La responsabilité de l'ordonnateur ne peut être engagée réellement que si les différents ministres de tutelle concernés prennent l'initiative de déférer les dirigeants des entreprises publiques devant le Conseil de discipline budgétaire et financière (CDBF) à la suite du contrôle de la Chambre des comptes. En droit, le directeur général de l'entreprise publique, son adjoint et le commissaire aux comptes relevaient de la juridiction du CDBF en vertu de l'article 1er de la loi n° 74/18 du 5 décembre 1974 portant sur le contrôle des ordonnateurs, des gestionnaires et des gérants des crédits publics et des entreprises de l'État, telle que modifiée par la loi n° 76/04 du 8 juillet 1976. Il est clair que certains faits relevés dans les rapports d'observations étaient passibles de sanctions administratives de la part du CDBF conformément à l'article 6 de la loi n°74/18. Il s'agit, entre autres, des faits tels que : « *violation des statuts ou du règlement intérieur, engagement de l'entreprise dans les opérations manifestement ruineuses ou en disproportion avec ses moyens financiers ; tenue irrégulière ou absence de comptabilité ; marchés passés sans appel à concurrence ou conclus avec des tiers qui frisent la déconfiture ou avec des sociétés en période suspecte de faillite ou de liquidation judiciaire ; utilisation à des fins personnelles des agents ou des biens de l'entreprise considérée lorsque ces avantages n'ont pas été accordés par les lois, règlements et statuts* »[118].

Directement, la Chambre des comptes, ayant cessé de laisser l'initiative de la sanction aux seules autorités compétentes, est passée à l'action en affirmant son pouvoir propre de sanction. C'est dans le cadre de cette évolution

[118] SIETCHOUA DJUITCHOKO (C.), *La Chambre des comptes de la Cour suprême du Cameroun…*, *op cit.*, p. 154.

que la Haute juridiction a annoncé des sanctions du contrôle de gestion. Dans le deuxième rapport d'audit sur la gestion des fonds affectés à la riposte au Covid-19 précité, par exemple, la Chambre des comptes annonce ses propres sanctions dans la mesure où elle affirme notamment avoir « *décidé d'engager une (01) procédure pour faute de gestion* »[119]. Par ailleurs, dans le troisième rapport concernant la même gestion, la Haute juridiction réitère sa position en concluant, une fois de plus, qu'« *au vu des constats faits plus haut, au terme de son audit de l'utilisation des ressources et du Fonds spécial de solidarité nationale pour l'exercice 2021, la Chambre des comptes formule six (06) recommandations. Elle ouvre également une (01) procédure en matière de discipline budgétaire et financière* »[120].

Il apparaît, toutefois, que la Haute juridiction ne pourra pas échapper au reproche d'avoir effectué un pré-jugement en amont si elle venait à engager les procédures de gestion de fait ou de faute de gestion envisagées[121]. Mais, en elle-même l'appropriation de la compétence de sanction de l'ordonnateur dans le cadre du contrôle de gestion par la Chambre des comptes est assez significative du changement qui se produit. Cela mérite d'être relevé.

Il est certes difficile pour la Haute juridiction d'ignorer la sanction indirecte par les autorités compétentes. Elle le

---

[119] Chambre des comptes de la Cour suprême, Audit du Fonds Spécial de Solidarité Nationale pour la lutte contre le Coronavirus et ses répercussions économiques et sociales, Exercice 2020, septembre 2022, p. 76.

[120] Chambre des comptes, Audit du Fonds Spécial de Solidarité Nationale pour la lutte contre le Coronavirus et ses répercussions économiques et sociales, Exercice 2021, septembre 2023, p. 85.

[121] LASCOMBE (M.), « La dualité fonctionnelle des juridictions financières à la lumière du principe d'impartialité structurelle », *RFFP*, n°106, avril 2009, p. 212.

rappelle encore dans le premier rapport sur la gestion des fonds affectés à la riposte au Covid-19. Après avoir évoqué la loi n°2003/005 du 21 avril 2003 fixant les attributions, l'organisation et le fonctionnement de la Chambre des comptes de la Cour suprême et la loi n°2006/016 du 29 décembre 2006 fixant l'organisation et le fonctionnement de la Cour suprême, la Cour décide, entre autres, de transmettre au ministre de la Justice douze (12) dossiers relatifs aux faits susceptibles de revêtir une qualification pénale aux fins de sanctions appropriées[122]. Mais, désormais, elle y apporte sa contribution comme on l'a vu ci-dessus, en se positionnant comme organe de poursuites et de sanctions du contrôle de gestion à côté des autorités traditionnelles compétentes en la matière.

---

[122] Chambre des comptes de la Cour suprême, Audit du Fonds Spécial de Solidarité Nationale pour la lutte contre le Coronavirus et ses répercussions économiques et sociales, Exercice 2020, mars 2021, p. 125.

CHAPITRE 4 :

L'AFFIRMATION DE LA COMPÉTENCE DE LA CHAMBRE DES COMPTES POUR CONNAÎTRE DE LA FAUTE DE GESTION DE L'ORDONNATEUR

La Chambre des comptes nourrit plusieurs ambitions dans sa quête de soumission de l'ordonnateur à des contrôles, l'utilisation des ressources de la loi pour faire une place à la responsabilité de l'ordonnateur, l'ouverture du dialogue avec l'ordonnateur dans le contrôle de gestion, etc. Elle cherche ainsi à assujettir autant que possible l'ordonnateur à sa juridiction. Un pas supplémentaire a été franchi avec l'arrêt historique des Sections réunies de la Chambre des comptes du 15 février 2024, Commune de Ngomedzap, qui affirme la compétence de ladite Chambre pour connaître de la faute de gestion. Cet arrêt a été confirmé par l'avis n° 001/CDC/CSC du 26 novembre 2024 de la Chambre des comptes de la Cour suprême. En effet, face à des solutions antérieures éclatées, dont l'assurance de certaines est menacée par de possibles remises en cause ultérieures, la compétence nouvelle se remarque par l'uniformité de son régime et sa capacité à fédérer tous les ordonnateurs placés dans les mêmes conditions. Ces derniers devront désormais répondre de leurs fautes de gestion devant la Chambre des comptes.

Ce n'est donc pas une compétence qui vient gommer les aspects de la responsabilité de l'ordonnateur exposés dans les chapitres précédents, mais une compétence nouvelle et autonome distincte des précédentes mettant en œuvre la responsabilité de l'ordonnateur au titre de la réquisition du comptable, la responsabilité pour gestion de fait, etc.

Cette nouvelle forme de responsabilité de l'ordonnateur n'est pas seulement cette responsabilité à laquelle certains commentateurs de l'arrêt des Sections réunies de la Chambre des comptes ont failli la réduire. Elle est aussi, et sans doute doit-elle être, une reconnexion à l'exigence fondamentale de reddition des comptes auquel se réfère le premier président de la Cour suprême du Cameroun. Pour faire émerger ce principe, il soutient à juste titre que *« l'État et ses démembrements qui perçoivent les impôts et taxes ont le devoir de rendre compte de l'utilisation qui en est faite aux citoyens contribuables. Pour ce faire, le Cameroun a assigné cette mission à la Chambre des comptes de la Cour suprême*[123] *»*. C'est dans ce sens que la Haute juridiction demande aux gestionnaires publics de rendre compte de leur gestion. Recouvrant un vaste périmètre, la reddition des comptes n'est pas limitée au comptable selon l'option initiale retenue par le législateur au terme de la loi n° 2003/005 du 21 avril 2003 fixant les attributions, l'organisation et le fonctionnement de la Chambre des comptes de la Cour suprême, mais concerne également l'ordonnateur.

À cet effet, il y a un besoin impérieux de clarifier la nouvelle compétence sur la faute de gestion dont s'est attribuée la Chambre des comptes. Il s'agit d'abord de viser la déclaration de compétence du juge des Sections réunies dans l'arrêt suscité et ses précisions sur le fond du droit applicable à la faute de gestion. Car, entre une approche tendant à affirmer la compétence nouvelle de la Chambre des comptes à connaître de la faute de gestion et l'indication du droit applicable, il y a une dimension supérieure qui vise

---

[123] Avant-propos MEKOBE SONE Daniel, au Rapport annuel 2020 de la Chambre des comptes de la Cour suprême, p. 13.

à faire émerger un principe autonome de la responsabilité de l'ordonnateur pour faute de gestion.

I. L'arrêt du 15 février 2024 ou la déclaration de compétence de la Chambre des comptes à connaître de la faute de gestion de l'ordonnateur

L'arrêt des Sections réunies du 15 février 2024 affirme avec vigueur la compétence de la Chambre des comptes à connaître de la faute de gestion de l'ordonnateur. Dans le rendu de sa décision, le juge s'appuie résolument sur les faits et la procédure suivie. Par ailleurs, en raison de la conjoncture prévalant avant cette décision de la Chambre des comptes, le Conseil de Discipline budgétaire et financier (CDBF) n'était pas particulièrement préparé à ce tournant historique et va donner l'impression de se liguer, à tort, contre ladite décision.

A. Faits et procédure

La déclaration de compétence de la Chambre des comptes à connaître de la faute de gestion de l'ordonnateur, attend que l'on fasse constamment le rappel des faits et procédure qui l'éclairent dès lors que l'on se propose d'en cerner les contours. Car toute solution du juge ne s'explique que par les faits à la base et les procédures dont elle constitue l'aboutissement. En l'espèce, tout est parti de la lettre adressée par le président de la Commission des finances de la commune de Ngomedzap, le 20 février 2023, au président de la Chambre des comptes, dénonçant de graves irrégularités de gestion qui auraient été commises par Dame TSOUNGUI Bleue Régine, épouse OBAMA, maire et ordonnateur du budget de la commune et Sieur EKANG EKANG, son receveur municipal. Dans un premier temps, le procureur général près la Cour suprême a, en date du 17 avril 2023, saisi la deuxième Section de la Chambre des comptes chargée des collectivités territoriales décentralisées par un réquisitoire introductif d'instance aux fins de poursuites des intéressés pour faute de gestion. Mais, à la demande du président de la Section, le président de la Chambre des comptes, a renvoyé l'affaire devant les Sections réunies conformément aux dispositions de l'article 41, alinéa 1, de la loi n° 2006/16 du 29 décembre 2006 fixant l'organisation et le fonctionnement de la Cour suprême.

Pour se justifier, Madame TSOUNGUI Bleue Régine, également connue sous le nom d'OBAMA, invoque l'incompétence de la Cour des comptes et la procédure, affirmant que le Conseil de Discipline budgétaire et financier (CDBF), créé par le décret n° 97/049 du 5 mars 1997[124], a la compétence exclusive pour traiter les infractions de gestion, conformément à la loi n° 74/18 du 5 décembre 1974 portant sur le contrôle des ordonnateurs, des responsables financiers et des administrateurs de fonds, telle que modifiée par la loi n° 76/04 du 8 juillet 1976. De plus,[125] elle souligne que le réquisitoire n'a pas été précédé d'une enquête approfondie sur l'allégation de mauvaise gestion. Elle dénie l'application de la loi n° 2018/012 du 11 juillet 2018 portant régime financier de l'État et des autres entités publiques qui habilite désormais la Chambre des comptes à statuer sur la faute de gestion des ordonnateurs au motif que cette loi n'indique aucune procédure permettant la sanction des fautes de gestion. De son côté, le ministère public a conclu à la compétence de la Chambre

---

[124] Décret n° 97/049 du 05 mars 1997 portant organisation et fonctionnement du Conseil de Discipline Budgétaire et Financier.

[125] ABDOULAYE MAL BOUBA, *La faute de gestion devant le Conseil de Discipline Budgétaire et Financière au Cameroun*, Mémoire de Master en Droit Public, Faculté des Sciences Juridiques et Politiques, Université de Yaoundé II, 2012, 107 p.

des comptes et au bien-fondé de l'exception de procédure soulevée. C'est sur ces entrefaites qu'intervient la solution des Sections réunies.

B. Solution du juge

Les Sections réunies ont rejeté, dans l'arrêt de principe sous revue, l'exception de compétence opposée par la requérante et se sont prononcées, au contraire, pour la compétence exclusive de la Haute juridiction pour connaître de la faute de gestion de l'ordonnateur. Elles ont ainsi établi que cette compétence relève désormais d'une compétence « sans partage » avec le CDBF[126].

Mettant fin à la confusion née de la concurrence de la Chambre des comptes investie de la compétence pour juger la faute de gestion des ordonnateurs en vertu de l'article 86, alinéa 3, de loi n° 2018/012 du 11 juillet 2018 et du CDBF, l'ancien titulaire de la compétence, le CDBF, les Sections réunies ont *« disqualifié la compétence*[127] *»* de ce dernier.

Au passage, les Sections réunies lèvent l'incertitude sur l'un des deux objets non identifiés de la loi du 11 juillet 2018 portant régime financier de l'État et des autres entités publiques[128] qui se réfère sans autre précision *« à la*

---

[126] LEKENE DONFACK (C-E) et WOAMBE (B), Commentaire de l'arrêt n° 01/CDR/SR/DBF du 15 février 2024, Mme TSOUNGUI Bleue Régine, Maire de la Commune de Ngomedzap et M. EKANG EKANG Jules, Receveur municipal, *Revue Africaine de Finances Publiques (RAFIP)*, n° 15, 2024, pp. 617-639, notamment p. 624.

[127] La formule est de M. Théophile NGUIMFACK VOUFO dans les notes qu'il consacre à l'arrêt des Sections réunies sous étude, *RAFIP*, n° 15, 2024, pp. 640-661, notamment p. 651.

[128] Le premier objet non identifié au terme de la loi portant régime financier de l'Etat et des autres entités publiques, concerne l'Institution Supérieure de Contrôle des Finances Publiques (ISC). Le second objet non identifié se rapporte au statut de la Cour des comptes. Sur leur présentation et analyse, voir DJEYA KAMDOM (Y-G), « La réforme

juridiction des comptes », en indiquant clairement que cette juridiction désigne la Chambre des comptes de la Cour suprême.

Davantage, l'interprétation faite par la Haute juridiction à propos du conflit dans le temps de la loi n° 74/18 du 05 décembre 1974 et de la loi n° 2018/012 du 11 juillet 2018 suscitée, a tourné à l'avantage de la seconde qui fonde la compétence exclusive de la Chambre des comptes, en tant que loi récente ayant rendu la première caduque : *lex posterior derogat priori.* Autrement dit, la loi nouvelle (postérieure) déroge à la loi ancienne (antérieure). Ainsi, la Chambre des comptes a dégagé la voie pour la sanction de la responsabilité de l'ordonnateur pour faute de gestion en la débarrassant du CDBF qui constituait une menace pour sa compétence.

Faut-il le redire après les commentateurs de cet arrêt ? Ainsi, comme l'indiquent les Sections réunies, il n'est pas envisageable de conserver la compétence du CDBF, qui est un organe administratif parallèlement à la compétence de la juridiction des comptes. Ce qui ne va pas sans risque de contrariété entre la juridiction des comptes et la juridiction administrative. Les Sections réunies s'inquiètent en effet de possibles effets pervers de l'exercice de recours contre les décisions du CDBF devant le tribunal administratif, en cas de pourvoi à la Chambre administrative de la Cour suprême, la plus haute juridiction en matière administrative dont l'arrêt est susceptible par ses répercussions de la mettre en porte à faux avec la loi n° 2018/12 du 11 juillet 2018. Il va sans dire, à notre sens, que ces motivations des Sections réunies sont faites pour renforcer l'exclusivité de la

---

du contentieux financier public au Cameroun par la loi du 11 juillet 2018 : portée et insuffisances d'un texte », *Gestion et Finances publiques*, 2000/n° 6, pp. 123-128, notamment pp. 126-127.

compétence de la Chambre des comptes à connaître de la faute de gestion de l'ordonnateur.

Outre la loi du 11 juillet 2018 mentionnée par les Sections réunies pour renforcer l'exclusivité de la compétence de la Chambre des comptes, cette dernière se fonde sur deux normes juridiques de rang supérieur :

- la Constitution en son article 41, qui confie à la Chambre des comptes la responsabilité de contrôler et de statuer sur les comptes publics et ceux des entreprises publiques et parapubliques ; sous-entendu tous les comptes publics ;
- la directive CEMAC n° 01/11-UEAC-190-CM-22 du 19 décembre 2011 relative aux lois de finances, dont l'article 72 impose la création d'une Cour des comptes dans chaque État membre. Et comment la Directive amène les États à se plier à leur obligation en vertu de cet article ? À tous ces États, le législateur communautaire impartit la mise en conformité des lois et règlements nationaux avec les dispositions de la Directive. À cette fin, il fixe le délai de la transposition à quatre-vingt-dix (90) mois à compter de la date d'adoption de la Directive en précisant qu'à l'issue de ce délai, les prescriptions de la Directive devront être effectivement appliquées par les États membres, sauf exception[129]. Si le Cameroun n'a pas institué une Cour des comptes, la Chambre des comptes n'en exerce pas moins ses attributions, comme elle le rappelle avec force.

En effet, la Chambre des comptes, qui revendique la pleine compétence pour juger la faute de gestion de l'ordonnateur, serait un géant aux pieds d'argile si elle ne se fondait pas sur la Constitution et les conventions

---

[129] Article 82.

internationales, notamment le droit communautaire CEMAC. La Haute juridiction demeurerait sous le péril des lois et règlements peu soucieux de sa compétence. Et, contrairement à la période précédente, elle a refait son retard, n'hésitant pas à rappeler l'ancrage constitutionnel de sa compétence. Ce qui autorise certains à soutenir qu'elle s'est érigée en l'espèce, en *« gardien de la Constitution*[130] *»*.

Un autre bouclier juridique derrière lequel la Chambre des comptes a mis sa compétence à l'abri et opportunément rappelé en l'espèce est le droit communautaire CEMAC, dont elle en a fait une application constante dans la jurisprudence.

Finalement, les Sections réunies ont adopté les conclusions de la partie demanderesse dans l'affaire, considérant que les arguments présentés étaient précipités et, par conséquent, non étayés.

Mais, l'attachement du CDBF à cette compétence qu'il a longtemps exercée est si profond que le juge des comptes n'aura pas fini d'éliminer cet organisme administratif de sitôt. Il faut aussi reconnaître que l'obstination du CDBF à sanctionner la faute de gestion de l'ordonnateur en dépit de l'arrêt des Sections réunies l'a amené à entrer en *« guerre »* avec le juge des comptes.

---

[130] KOUA (E-S), « Affaire Commune de Ngomedzap : la Chambre des comptes de la Cour suprême du Cameroun déclare le Conseil de Discipline Budgétaire et Financier incompétent à statuer sur les fautes de gestion », *RAFIP*, n° 25, septembre 2024, pp. 662-671, notamment p. 666.

II. La bataille autour de la compétence et l'intervention du juge administratif

Dans leur motivation dans l'arrêt sous revue, les Sections réunies de la Chambre des comptes ont exprimé des craintes sur une possible intervention du juge administratif s'il était saisi de recours contre les décisions du CDBF sur la faute de gestion. Mais, par un heureux dénouement, il est vrai partiel à ce stade, le juge administratif va plutôt conforter la Chambre des comptes en révélant au grand jour que c'est bien le CDBF qui était à craindre. Ce dernier va engager en effet un combat inattendu, sans doute le dernier, pour se défendre face à la déclaration de compétence de la Chambre des comptes.

A. Le dernier combat du CDBF

Il devait apparaître quatre (04) mois seulement après la déclaration de compétence de la Chambre des comptes, que le CDBF continue de se représenter comme l'organe chargé de la sanction de la faute de gestion de l'ordonnateur. En statuant le 07 mai 2024 sur l'affaire MEKULU MVONDO AKAME Alain Noël Olivier, directeur général de la Caisse Nationale de Prévoyance sociale (CNPS), le CDBF avait l'occasion de montrer son respect de l'autorité de chose jugée de l'arrêt des Sections réunies ou au contraire de s'en démarquer. Il a choisi, à la surprise générale, de repousser énergiquement la compétence du juge des comptes en retenant seize (16) fautes de gestion avec préjudices financiers non évalués au titre de la période allant de 2008 à 2016 contre cet ordonnateur constitué en même temps débiteur envers la CNPS de la somme de 509 578 192 francs CFA pour trois fautes de gestion avec préjudices financiers sur la même période au détriment de cet organisme public en charge de la Sécurité sociale[131]. Il lui a en outre infligé une amende spéciale de 2 000 000 francs CFA pour l'ensemble des fautes de gestion commises[132].

Jusqu'alors, le CDBF et la Chambre des comptes n'avaient fait que coexister, le premier se limitant à transférer selon son bon vouloir certains dossiers des comptabilités dont il avait eu connaissance au second[133]. Aucune disposition juridique n'assigne la Chambre des comptes à transférer les dossiers des ordonnateurs découverts à l'occasion du contrôle et du jugement des comptes des comptables au CDBF. Comme conséquence, des fautes conjointes ou communes punies au niveau du comptable restent impunies au niveau de l'ordonnateur ou du comptable. Une impasse que déplore-la Chambre des comptes[134]. De ce fait, l'absence de passerelle formelle entre la Haute juridiction et le CDBF a probablement pesé sur cette tournure des évènements.

Dans le cas d'espèce, un détail de la décision du CDBF qui n'est pas anodin interpelle : la décision, reproduite en annexe de cet ouvrage, ne vise nullement la loi n° 2018/012 portant régime financier de l'État et des autres entités publiques qui fondent la compétence de la Chambre des comptes. La défiance du CDBF à l'égard de l'arrêt des

---

[131]Article 2, alinéa 2, de l'arrêté n° 0020/A/CONSUPE/SP-CDBF/SGSAS/BSAS du 07 mai 2024 infligeant des sanctions pécuniaires à Monsieur MEKULU MVONDO AKAME Alain Noël Olivier, Directeur Général de la Caisse Nationale de Prévoyance Sociale (CNPS) au titre de la période allant de 2008 à 2016.

[132] Article 2, alinéa 1 de l'arrêté.

[133] SIETCHOUA DJUITCHOKO (C), *La Chambre des comptes de la Cour suprême du Cameroun*, ouvrage précité, pp. 62-72.

[134] Chambre des comptes de la Cour suprême, Rapport annuel 2018, p. 164.

Sections réunies est une possibilité que l'on ne peut sérieusement écarter au vu de cet indice.

B. La position du juge administratif

Dans ces conditions, faut-il aller jusqu'à penser que le CONSUPE, dont le CDBF en est *« le bras séculier »,* a voulu régler son compte au directeur général de la CNPS ? Et pour quel motif ? En saisissant le président de la République pour dénoncer « le contrôle agressif, à charge et non objectif » du CONSUPE ayant motivé sa traduction devant le CDBF, et la décision « inique et injustifiée » de cette dernière, le directeur général a exprimé une telle préoccupation, sans manquer d'annoncer qu'il allait, sans attendre, déférer la décision du CDBF en annulation au tribunal administratif de Yaoundé compétent135, comme la loi le lui autorise.

Ce faisant, il a fourni malgré lui un prétexte à l'intervention assumée du juge administratif dans ce conflit[136]. Car, l'on découvre au cours des débats au tribunal administratif de Yaoundé que l'autorité de chose jugée de de l'arrêt des Sections réunies va être convoquée par le conseil juridique de la CNPS.

La première sentence du tribunal administratif de Yaoundé rendue le 22 août 2024 sous forme d'une ordonnance de sursis à exécution de son président est connue[137]. De façon significative, le juge délégué dans la fonction de président y fait référence explicitement à

---

[135] Sur cette correspondance, voir annexe n° 3.

[136] Ce faisant, le juge administratif fait office de juge financier. Pour comparaison, voir DAMAREY (S), *Le juge administratif, juge financier*, Paris, Dalloz-nouvelle Bibliothèque des Thèses, 2001, 338 p.

[137] Ordonnance n° 18/OSE/CAB/PTA/YDE/2024 ACCORDANT LE SURSIS A EXECUTION dans l'Affaire MEKULU MVONDO AKAME Alain Noël Olivier c/ Etat du Cameroun/Contrôle Supérieur de l'Etat (CONSUPE).

« l'arrêt n° 01/CDC/SR/DBF du 15 février 2024 de la Chambre des comptes siégeant en formation des Sections réunies dans l'affaire opposant le CDBF à la Commune de Ngomedzap » soulignant que la Chambre des comptes a tenu à préciser que *« la consécration par la loi n° 2018/012 du 11 juillet 2018 de la Chambre des comptes comme nouvel organe chargé de la sanction de la faute de gestion, s'accommode parfaitement du maintien en vigueur de la loi n° 74/18 du 05 décembre 1974* (...) *qu'au regard des sus-dispositions légales et jurisprudentielles, les arguments développés par le requérant paraissent pertinents* ». Il a logiquement accordé le sursis de la décision du CDBF, les autres critères essentiels de recevabilité de la demande de sursis étant remplis.

Cette ordonnance de sursis à exécution donne raison après coup aux prédictions de M. Eric Samuel KOUA qui, à l'opposé de ceux qui s'alarment d'une possible intervention du juge administratif, pense que ce dernier pourrait à l'inverse conforter plutôt l'autorité de l'arrêt rendu : *« en annulant les décisions du CDBF pour incompétence à connaître de la faute de gestion. Dans cette perspective, on signale que le rôle primordial de la juridiction administrative est le contrôle de la conformité des actes administratifs, en l'occurrence les décisions du CDBF à la norme supérieure, le régime financier de l'État et des autres entités publiques, et non sanctionner la faute de gestion*[138] *»*. Mais, il faut demeurer attentif pour voir si le tribunal administratif de Yaoundé, dont la décision au fond reste attendue, sera aussi attaché au dialogue des juges en confirmant ou non cette jurisprudence.

---

[138] KOUA (E-S), *article* précité, p. 667.

III. L'avis n° 001/CDC/CSC du 26 novembre 2024 de la Chambre des comptes de la Cour suprême et la confirmation de sa compétence exclusive pour sanctionner la faute de gestion

Dans le cadre de sa compétence consultative[139], la Chambre des Comptes de la Cour suprême, siégeant en Chambre du Conseil, a de manière encore plus explicite affirmé l'exclusivité de sa compétence pour sanctionner la faute de gestion commise par les ordonnateurs dans son avis du 26 novembre 2024.

En effet, par lettre n° 7978/MINFI/SG/DAJ du 04 juillet 2024, le ministre des Finances avait saisi cette juridiction aux fins de solliciter son avis sur la validité des arrêtés qui lui avaient été transmis pour exécution par Madame le ministre délégué à la présidence de la République chargé du Contrôle supérieur de l'État. Lesdits arrêtés avaient été pris en fonction de deux décisions rendues par le Conseil de discipline budgétaire et financier. Elles prononçaient des sanctions pour faute de gestion contre le cabinet-conseil ATOU S.A., représenté par monsieur ATOU Lazare.

Relativement à la validité des arrêtés en cause, la Chambre des comptes estime qu'il s'agit des décisions illégales, car prises en application des décisions rendues par le CDBF, organe désormais incompétent en matière de discipline budgétaire et financière. Selon la haute juridiction, au sujet de l'organe compétent pour juger les fautes de gestion, la législation en la matière a évolué depuis

---

[139] La compétence consultative de la Chambre des comptes de la Cour suprême résulte de l'article 10 de la loi n° 2003/005 du 21 avril 2005 fixant les attributions, l'organisation et le fonctionnement de la Cour suprême selon lequel, *« lorsqu'elle est saisie, la Chambre des comptes donne son avis sur toute question relative au contrôle et au jugement des comptes"*

2018. En effet, l'article 86(3) de la loin° 2018/012 du 11 juillet 2018 portant régime financier de l'État et des autres entités dispose s'agissant de la compétence de la Juridiction des Comptes, que celle-ci a pour missions :

- *de juger les ordonnateurs, les contrôleurs financiers et /es comptables dans les conditions prévues aux articles 87 et 88 ci-dessous ;*
- *- de contrôler la légalité financière et la conformité budgétaire de toutes les opérations de dépenses et de recettes de l'État. À ce titre, elle constate les irrégularités et fautes de gestion commises par les agents publics et fixe, le cas échéant, le montant du préjudice qui en résulte pour l'État. Elle peut en outre prononcer des sanctions... »*

Sur la base de cette disposition qui ne laisse place à aucune ambiguïté, la Chambre des comptes conclut avec justesse qu'« *ainsi, la nouvelle législation camerounaise sur la discipline budgétaire et financière a exclu le CDBF comme organe de sanction des fautes de gestion. Cette attribution, qui devient juridictionnelle, est désormais dévolue à la Chambre des Comptes de la Cour Suprême. En raison du caractère d'ordre public de la règle de compétence matérielle, celle-ci est d'application immédiate et est exclusive.*

Les deux arrêtés de débet susvisés, pris en application des deux décisions rendues par le CDBF, organe désormais incompétent en matière de discipline budgétaire et financière, n'ont en conséquence pas de fondement juridique.

Il s'ensuit que ces décisions illégales ne sauraient recevoir application ».

Allant plus loin, la Chambre des comptes se prononce sur l'autorité de l'avis qu'elle rend. Invoquant l'article 38 de la Constitution[140], elle déclare que « *l'avis de la Chambre des Comptes, la plus haute juridiction en matière financière, donné en vertu de l'article 10 de la loi n° 2003/005 du 21 avril 2003 susvisée, a pleine autorité et s'impose dans l'interprétation des textes financiers et la discipline y relative* ».

En clair, le CDBF est complètement disqualifié pour connaître encore de la sanction de la faute de gestion de l'ordonnateur qui relève à titre exclusif de la compétence de la Chambre des comptes de la Cour suprême.

IV. Le fond du droit régissant la faute de gestion de l'ordonnateur

Dans cette action pour établir la compétence de la Chambre des comptes comme dans la détermination du droit applicable au fond à la faute de gestion, les Sections réunies désignent la loi n° 74/18 du 05 décembre 1974 et sa modification du 08 juillet 1976, précitées.

Mais, comment admettre cette réalité lorsqu'on sait que, pour imposer la compétence de la juridiction des comptes plutôt que celle du CDBF, les Sections réunies ont auparavant jugé cette loi caduque ?

À ce sujet, le paradoxe, bien réel, n'est qu'apparent. En effet, le juge des comptes a pris la précaution dans son arrêt de frapper de caducité la loi n° 74/18 du 05 décembre 1974 uniquement, comme il a tenu à souligner, sur « *cette question de l'organe compétent* ». C'est fort logique à

---

[140] La loi n° 96/016 du 18 janvier 1996 portant révision de la Constitution du 02 juin 1972 dispose en son article 38 que :
« (1) La Cour Suprême est la plus haute juridiction en matière judiciaire, administrative et de jugement des comptes.
(2) Elle comprend : Une Chambre judiciaire, une Chambre administrative, une Chambre des Comptes ».

l'analyse de la formule évoquée précédemment où les Sections réunies notent que *« la consécration par la loi n° 2018/012 du 11 juillet 2018 de la Chambre des comptes comme nouvel organe chargé de la sanction de la faute de gestion s'accommode parfaitement du maintien en vigueur de la loi n° 74/18 du 05 décembre 1974 »*. Pour sa démonstration, la Cour indique que l'application de loi de 1974 avait prévalu sans discontinuité en son temps en dépit de la réforme de l'organe administratif en charge de la discipline des ordonnateurs, à savoir le Conseil de Discipline budgétaire et Comptable (CDBC) qui a muté en CDBF. Elle ajoute que la survie de cette loi trouve un ancrage juridique supplémentaire dans les dispositions de l'article 89 de la loi du 11 juillet 2018.

Mais de quelle faute de gestion s'agit-elle ? Si l'on veut cerner les contours de la faute de gestion, qui soit l'exact reflet du droit positif, il faut convoquer le droit public financier, mais aussi le droit pénal qui organise sa répression[141]. Au fond, l'adoption de la définition de la faute de gestion par la loi du 5 décembre 1974, au sens de *« toute faute de gestion préjudiciable aux intérêts de la puissance publique*[142] *»*, suivie de la déclinaison de la liste des irrégularités constitutives[143], est essentielle à l'engagement de la responsabilité de l'ordonnateur.

---

[141] A ce sujet, voir utilement SEGUIN (P), « La sanction pénale des fautes de gestion », *Le cri du contribuable*, 2006, p. 5, et DJILA (R), « La répression par le législateur camerounais des fautes de gestion des dirigeants des sociétés d'Etat », *Miroir du droit*, n° 2, avril-mai-juin 2010, pp. 59-78.

[142] Articles 3 et 6 de la loi n° 74/18 du 05 décembre 1974, précitée.

[143] Cette définition est suivie d'un listing des irrégularités constitutives de la faute de gestion. Il s'agit en ce qui concerne l'Etat et les collectivités publiques de :

a) engagement d'une dépense sans en avoir qualité pour le faire ou sans en avoir reçu délégation à cet effet ;
b) engagement d'une dépense sans crédit disponible ou délégué ;

Pour sa part, la loi du 11 juillet 2018 devra conduire à l'actualisation de la faute de gestion en la faisant perdre son caractère ancien acquis au terme de sa devancière de 1974. Étant donné que la première citée supra est une loi de transposition de la Directive CEMAC du 19 décembre 2011

---

c) engagement d'une dépense sans pièces justificatives suffisantes ;
d) engagement d'une dépense sans visa, autorisation ou réquisition préalable de l'autorité compétente ;
e) engagement d'une dépense ou certification des pièces sans justification de l'exécution des travaux, des prestations de biens ou de services ;
f) recrutement et emploi effectif d'un agent sans intervention du Contrôle Budgétaire quand ce contrôle est prévu par les règlements ;
g) recrutement d'un agent en infraction à la règlementation du travail en vigueur ;
h) modification irrégulière de l'affectation des crédits ;
i) appel à la concurrence, lettres de commande et achats effectués en infraction à la règlementation sur la passation des marchés publics ;
j) utilisation à des fins personnelles des agents ou des biens de l'État et des collectivités publiques lorsque ces avantages n'ont pas été accordés par les lois et règlements (Article 3).

Pour les entreprises d'État, il s'agit de :

a) violation des statuts ou du règlement intérieur de l'Établissement ;
b) dépassement des crédits arrêtés par l'organe statutaire compétent ;
c) engagement des dépenses non visées par cet organe ;
d) recrutement d'un agent en infraction à la règlementation du travail en vigueur ;
e) engagement délibéré de l'entreprise dans des opérations manifestement ruineuses ou disproportionnées avec ses moyens financiers ;
f) tenue irrégulière ou absence de comptabilité ;
g) marchés passés sans appel à la concurrence ou conclus avec des tiers ou des entreprises qui frisent la déconfiture ou avec des sociétés en période suspecte de faillite ou de liquidation judiciaire ;
h) utilisation à des fins personnelles des agents ou des biens de l'entreprise considérée lorsque ces avantages n'ont pas été accordés par les lois, règlements et statuts (Article 6).

relative aux lois de finances, elle devra assurer la modernisation de la faute de gestion en élargissant son périmètre. Au sens en effet de l'article 88, alinéa 1, de la loi du 11 juillet 2018 *« est considérée comme faute de gestion, tout acte, omission ou négligence commis par tout agent de l'État, d'une collectivité territoriale décentralisée ou d'une entité publique, par tout représentant, administrateur ou agent d'organisme, manifestement contraire à l'intérêt général »*. Cet élargissement se traduit par un égal élargissement du répertoire des irrégularités formant la faute de gestion[144]. L'application de ces deux textes se

---

[144] A s'en tenir du moins à l'article 88, alinéa 2, qui vise les irrégularités suivantes :

- la violation des règles relatives à l'exécution des recettes et des dépenses de l'État et des autres entités publiques ;
- la violation grave et répétée des règles de comptabilisation des produits et des charges applicables à l'État et aux autres entités publiques ;
- la violation des règles relatives à la gestion des biens appartenant à l'État et aux autres entités publiques ;
- le fait, pour toute personne dans l'exercice de ses fonctions ou attributions, d'enfreindre les dispositions législatives ou règlementaires nationales destinées à garantir la liberté d'accès et l'égalité des candidats dans les contrats de commande publique ;
- le fait d'avoir entrainé la condamnation d'une personne morale de droit public ou d'une personne de droit privé chargée de la gestion d'un service public, en raison de l'inexécution totale ou partielle ou de l'exécution tardive d'une décision de justice ;
- le fait, pour toute personne dans l'exercice de ses fonctions ou attributions, de causer un préjudice à l'État ou à une entité publique, par des agissements manifestement incompatibles avec les intérêts de l'État ou de l'organisme, par des carences graves dans les contrôles qui lui incombaient ou par des omissions ou négligences répétées dans son rôle de direction ;
- les négligences dans la gestion du budget, le suivi des crédits, la mise en œuvre de la dépense ainsi que la liquidation de la recette ;
- l'imprévoyance caractérisée résultant de la consommation des crédits pour des dépenses d'intérêt secondaire au détriment des dépenses indispensables et prioritaires du service ;

fonde sur l'impératif de progrès, mais davantage de renforcement de l'office du juge des comptes en le dotant d'outils adéquats pour mener à bien sa mission de sanction des ordonnateurs.

L'on sait que la sanction est une composante essentielle de la responsabilité et que, si la Chambre des comptes est compétente pour connaître de la faute de gestion de l'ordonnateur, c'est à la seule fin de pouvoir éventuellement le sanctionner conformément aux lois et règlements en vigueur. Les lois de 1974 et 2018 organisent la sanction de l'ordonnateur au moyen soit de l'amende, soit du débet juridictionnel. S'écartant de l'option du législateur de 1974 consistant à fixer d'avance le plafond de l'amende, la loi de 2018 dispose que son montant est fonction du préjudice causé à l'État et aux autres entités publiques ainsi que de la gravité de la faute commise et de l'éventuel dépassement des pratiques prohibées. Dans tous les cas, il ne saurait dépasser l'équivalent d'une année de salaire de l'intéressé[145]. Le débet représente le montant chiffré du préjudice réel subi par l'État et les autres entités publiques. C'est en infligeant des débets et amendes que la sanction deviendra le moteur de la responsabilité de l'ordonnateur, point d'aboutissement de la procédure engagée à cette fin devant la Chambre des comptes.

- la poursuite d'objectifs manifestement étrangers aux missions et attributions du service ;
- la mise en œuvre de moyens manifestement disproportionnés ou inadaptés aux objectifs poursuivis par le service.

[145] Article 89, alinéa 3, de la loi du 11 juillet 2018, précitée.

CONCLUSION

Est-ce qu'il est possible de conclure un ouvrage comme celui-ci ? En rentrant dans sa logique d'origine, qui consiste à identifier des problèmes et à formuler des propositions, il semble juste d'imaginer une fin en termes de propositions. En ce sens, neuf (09) propositions peuvent être faites. Elles sont autant de mesures à envisager pour permettre à la Chambre des comptes de combler les insuffisances, les manquements et les attentes au terme de son parcours dans sa quête d'un contrôle de l'ordonnateur.

I. Sur la compétence de la Chambre des comptes à connaître de la faute de gestion

1. Contrairement au système juridictionnel financier français composé d'une Cour des comptes chargée de contrôler et juger les comptes des comptables publics[146] et d'une Cour de Discipline budgétaire et financière compétente pour juger les ordonnateurs[147], le Cameroun a fait le choix d'unifier les deux compétences en les confiant à la Chambre des comptes de la Cour suprême. Cette option basée à la fois sur la Constitution et la Directive CEMAC relative aux lois de finances s'est concrétisée dans la jurisprudence récente de la Chambre des comptes qui s'est déclarée pour la première fois compétente pour

[146] MAGNET (J), *La Cour des comptes*, Paris, Berger-Levrault, 1965, 415 p. Voir également CNRS, *La Cour des comptes. Histoire de l'administration française*, 1984, 1181 p.

[147] LASCOMBE (M), « La dualité fonctionnelle des juridictions financières à la lumière du principe d'impartialité structurelle », *RFFP*, n° 106, avril 2009, p. 212.

connaître de la faute de gestion de l'ordonnateur. Cette compétence nouvelle ne préjudicie pas au contrôle et au jugement des comptes des comptables publics que la Haute juridiction exerce déjà.

On pourrait s'interroger à juste titre sur cette forme d'organisation juridictionnelle, tout comme sur l'intégration de la Chambre des comptes au sein de la Cour suprême, la plus haute instance judiciaire[148]. Cependant, avec l'arrêt des Sections réunies sous revue, on assiste à la consolidation de cette option par la Chambre des comptes elle-même. Il faut simplement prendre acte pour les jours, les mois et les années à venir.

2. À cet effet, la Chambre des comptes doit se réformer de l'intérieur pour faire face à cette compétence nouvelle. Ériger une formation interne, peu importe la dénomination, pour prendre en charge cette compétence s'envisage comme une condition impérative de l'organisation à mettre en place. L'intitulé du célèbre arrêt des Sections réunies du 15 février 2024 porte, entre autres références, la dénomination *''DBF''* signifiant : Discipline budgétaire et financière[149]. C'est une indication que la Chambre des comptes est consciente de ce problème auquel elle sera irréversiblement confrontée. Il est désormais question de passer à une vraie organisation interne chargée de statuer sur la faute de gestion de l'ordonnateur. En effet, sans une telle organisation, les Sections actuelles de la Chambre des comptes qui s'occupent déjà du contrôle non juridictionnel

---

[148] ABANE ENGOLO (P-E), « Pour un ordre juridictionnel financier autonome », in A. KPODA et D. KOROKORO (études réunies), *mélange en l'honneur du Professeur Koffi AHANDZI NONOU*, Poitiers, Presses Universitaires Juridiques de Poitiers, 2019.

[149] L'attention est portée en effet sur le libellé de cet arrêt ainsi conçu : Arrêt n° 001/CDC/CSC/SR/DBF du 15 février 2024, Commune de Ngomedzap.

et juridictionnel seraient inévitablement surchargées avec des conséquences graves sur leur rendement.

II. Sur le principe de responsabilité de l'ordonnateur pour faute de gestion

1. La déclaration de compétence des Sections réunies de la Chambre des comptes pour examiner la faute de gestion de l'ordonnateur et pour déterminer le droit applicable sur le fond s'appuie sur le principe de responsabilité de l'ordonnateur. En effet, l'ordonnateur est confronté de nos jours à un nouveau cadre gestionnaire qui implique de poser sa responsabilité sur le terrain de la logique gestionnaire. C'est une responsabilité actuellement à l'épreuve de la logique gestionnaire[150] observable à plusieurs niveaux. Elle s'apprécie à la lumière de la faute de gestion sur le plan contentieux. Il appartiendra à la Haute de juridiction de compléter sa jurisprudence par des précisions sur ce principe à la fois en ce qui concerne ses fondements juridiques, les tempéraments et exceptions.

2. Délimiter ce principe requiert d'indiquer son étendue, ses limites, les gestionnaires auxquels il s'applique. Certes, ainsi que l'indique l'article 87, alinéa 3, de la loi du 11 juillet 2018 portant régime financier de l'État et des autres entités publiques, *« tout agent d'une entité publique, tout représentant, administrateur ou agent d'organismes soumis à un titre quelconque au contrôle de la juridiction des comptes et toute personne à qui est reproché un des faits énumérés à l'article 88 ci-dessous, peut être sanctionné pour faute de gestion ».* Mais on se pose la question de savoir qui est cet agent, ce représentant ou cet administrateur. En outre, elle implique des précisions sur la

---

[150] THEBAULT (S), *L'ordonnateur en droit public financier*, ouvrage précité, pp. 191-334.

faute de gestion[151] pour faire la part des choses entre la faute de gestion avec ou sans préjudice financier, le détournement de deniers publics[152], etc., car tout cela n'est pas très clair.

III. Sur la procédure devant la Chambre des comptes en matière de faute de gestion

Le fait qu'un membre de la Commission des finances de la commune de Ngomedzap ait dénoncé, dans une lettre adressée au président de la Chambre des comptes, les irrégularités commises par le maire et le receveur municipal, et que, sur la base de cette lettre, le procureur général près la Cour suprême ait saisi à son tour la deuxième section de la Chambre des comptes au moyen d'un réquisitoire introductif d'instance, n'épuise pas la question de la procédure à suivre en cas de faute de gestion, de même qu'il existe une procédure de contrôle et de jugement des comptes des comptables patents et de fait, de même il devrait avoir une procédure autonome de jugement de la faute de gestion. Comment procéder pour saisir la Chambre des comptes ? Faut-il une requête, une demande ou une simple correspondance ? Quelle est la nomenclature des pièces justificatives exigées ? Quelles sont les règles d'instruction et finalement de jugement de la faute de gestion ?

---

[151] BEGNI BAGANA, « Recherches sur la notion de faute de gestion en droit public financier camerounais », *Juridis Périodique*, n°107, juillet-août-septembre 2016, pp. 120-132.

[152] ABA'A OYONO (J-C), « De la faute de gestion au détournement de deniers publics en droit public camerounais », *Le NEMRO*, n°2, 2016, pp. 6-27. Voir également AKONO ONGBA SEDANA, « La distinction entre la faute de gestion et détournement de deniers publics en droit public camerounais », *RASJ*, n°1, 2014, pp. 249-287.

Sans doute, ne peut-on nier que la loi du 05 décembre 1974 a prévu la procédure appliquée à la faute de gestion. Mais, cette procédure concerne le CDBF[153].

Ainsi, de quelque côté que l'on envisage, l'on ne pourra pas faire l'économie pendant longtemps d'une réforme législative tendant à doter la juridiction des comptes d'une procédure en matière de faute de gestion.

Il importe à cet égard de capitaliser l'expérience de la Chambre des comptes, qui est l'une des principales forces de propositions de l'heure au Cameroun en l'associant à cette réforme. Si, par le passé, la Haute juridiction n'était pas opérationnelle au moment de l'élaboration de la loi du 21 avril 2003 fixant les attributions, l'organisation et le fonctionnement de la Chambre des comptes de la Cour suprême, ce n'est plus guère le cas de nos jours où elle brille par ses audaces dans les propositions de réformes en général. Par voie de conséquence, toute proposition de la Chambre des comptes dans ce sens doit être soutenue sans négliger les autres apports[154]. Depuis 2018, la Chambre des comptes en appelle à la réforme de la loi du 21 avril 2003, une préoccupation qu'elle n'a cessé de rappeler dans ses recommandations, au motif, d'une part, que *« l'avènement des lois n° 2018/011 et 012 du 11 juillet 2018 qui élargissent les compétences de la Chambre des comptes invitent encore les pouvoirs publics à mettre la loi organique de la juridiction des comptes en harmonie avec ces différents textes*[155] », et, d'autre part, que certaines

---

[153] Articles 8, 9, 10, 11 et 12 de la loi n° 74/18 du 05 décembre 1974 relative au contrôle des ordonnateurs, gestionnaires et gérants des crédits publics et des entreprises d'État telle que modifiée par la loi n° 76/4 du 06 juillet 1976.

[154] Voir par exemple la proposition de M. KOUA (E-S), article précité, p. 669.

[155] Chambre des comptes de la Cour suprême, Rapport annuel 2018, p. 161.

insuffisances des dispositions légales actuelles consacrées à la juridiction financière imposent de les mettre en conformité avec les normes internationales, notamment les Directives CEMAC[156].

En même temps, la Haute juridiction est passée à la vitesse supérieure en mettant au point un avant-projet de loi fixant les attributions, le fonctionnement et les procédures applicables aux juridictions financières au Cameroun[157].

De ce point de vue, c'est d'une réforme globale qu'il s'agit. Outre la procédure de la juridiction financière, elle devra s'attaquer à divers problèmes apparus au fil du temps, comme la question d'un parquet financier autonome, le statut actuel de l'institution supérieure de contrôle de finances publiques (ISC)[158], le renforcement des structures internes de la Chambre des comptes, la compétence et la procédure des Tribunaux régionaux des comptes, etc. Comme toujours, il faut une volonté politique assumée pour concrétiser la réforme attendue.

IV. Sur la légalité financière et la conformité budgétaire des opérations des dépenses et recettes de l'État

Contrôler *« la légalité financière et la conformité budgétaire de toutes les opérations de dépenses et de recettes de l'État »* constitue l'une des missions imparties à la Chambre des comptes au terme de la loi n° 2018/012 du

---

[156] Voir par exemple, Chambre des comptes de la Cour suprême, Rapport annuel 2019, p.214.

[157] Information dévoilée par M. MEKOBE SONE, premier Président de la Cour suprême, dans l'avant-propos au Rapport annuel de la Chambre des comptes de 2020, p. 13.

[158] KATIA EKASSI (S), *L'institution supérieure de contrôle des finances publiques au Cameroun*, Thèse Doctorat/*Ph.D*, Faculté des Sciences Juridiques et Politiques, Université de Yaoundé II-Soa, 2019, 445 p.

11 juillet 2018 portant régime financier de l'État et des autres entités publiques[159]. Il est admis que la légalité financière nait d'une certaine appréciation de la conformité des opérations des dépenses et recettes aux lois et règlements financiers. À cet égard, l'on constate avec satisfaction l'existence d'un dispositif légal qui encadre l'ensemble de ces opérations. Elles seront constamment évaluées au regard des prescriptions budgétaires ou pour le dire simplement en fonction de leur conformité budgétaire. C'est peut-être dans cette optique que le législateur lie la légalité financière et la conformité budgétaire. Il leur a assigné comme fonction de permettre au juge des comptes d'établir et sanctionner les irrégularités et fautes de gestion commises, entre autres, par les ordonnateurs. En ce qui concerne la légalité financière, elle a longtemps été utilisée par la Chambre des comptes dans le contrôle et le jugement des comptes des comptables publics au point où on s'est demandé si la Haute juridiction ne faisait pas office de juge administratif[160], la légalité financière va à coup sûr faire ses grands débuts avec la sanction de la faute de gestion de l'ordonnateur.

En effet, cette exigence, déjà observée au niveau du contentieux des comptes publics, doit être étendue désormais dans le champ du nouveau contentieux de la faute de gestion, tout comme le contrôle de conformité budgétaire avec laquelle elle se complète.

Depuis 2021, la Chambre des comptes a montré qu'elle est disposée à passer au contrôle de la légalité financière et à la conformité budgétaire des attestations de déclarations

---

[159] Article 86, alinéa 2, 3ème tiret, loi n° 2018/012, précitée.

[160] SIETCHOUA DJUITCHOKO (C), « La Chambre des comptes de la Cour suprême, nouveau juge administratif au Cameroun ? », *RJPE*, n° 3, juillet-septembre 2013, pp. 269-286.

des revenus des industries extractives qui constituent des recettes publiques[161].

En définitive, la légalité financière et la conformité budgétaire s'imposent à la Chambre des comptes comme une exigence et/ou condition de son contrôle des actes financiers des ordonnateurs autant que des gestionnaires relevant de la juridiction de la Chambre des comptes.

V. Sur l'appropriation de la compétence nouvelle de la Chambre des comptes relativement à la faute de gestion

1. Les ordonnateurs (mais aussi les contrôleurs financiers) doivent être sensibilisés pour être en mesure de s'approprier correctement la compétence nouvelle de la Chambre des comptes concernant la faute de gestion. De ce point de vue, le *Cadre permanent de concertation entre la Chambre des comptes et le ministère des Finances* a élargi ses missions depuis 2019 à la sensibilisation de ces acteurs de la gestion des finances publiques[162].

Mais, pour que ce résultat soit effectivement atteint, une stratégie de sensibilisation et de communication énergique doit être recherchée à travers l'identification, le dénombrement et l'établissement du listing exhaustif des ordonnateurs, l'organisation des caravanes de sensibilisation de proximité par les responsables de la Chambre des comptes, du ministère des Finances et des experts dans les différentes circonscriptions financières du pays, etc. L'on devrait autant que possible s'inspirer de la stratégie adoptée et utilisée à l'époque pour la

[161] Voir Rapport public annuel de la Chambre des comptes 2021, p.150. L'activité est annoncée pour faire partie du programme de contrôle annuel de la Chambre des comptes.

[162] Chambre des comptes de la Cour suprême, Rapport annuel 2018, pp. 37-38.

sensibilisation des comptables en l'adaptant aux ordonnateurs. Dans cette perspective, lorsque les ordonnateurs auront compris le changement de paradigme de leur contrôle à la lumière du régime financier de l'État et des autres entités publiques de 2018 et de la jurisprudence financière récente, ils seront dans de bonnes dispositions pour faciliter l'exercice de la compétence nouvelle de la Chambre des comptes. Il s'agit sans conteste d'une préparation importante avant l'exercice du nouvel office du juge des comptes.

2. Il faut aussi parier sur le renforcement des capacités qu'implique l'appropriation de la nouvelle compétence de la Chambre des comptes. Pour sa part, la Haute juridiction a fait le choix de la formation permanente de son personnel[163]. Plusieurs raisons militent en faveur de cette option. La plus importante, de l'avis même de la Chambre des comptes, réside dans les missions nouvelles que lui ont confiées les lois n° 2018/011 et 012 du 11 juillet 2018 portant respectivement code de transparence et de bonne gouvernance dans la gestion des finances publiques au Cameroun et régime financier de l'État et d'autres entités publiques, qui se rapportent à l'examen de la gestion, l'évaluation des politiques publiques, les audits, la certification, le jugement de la faute de gestion des ordonnateurs et des contrôleurs financiers[164], etc.

On s'en doute, il s'agit de la formation permanente du personnel interne de la Chambre des comptes. L'ambition est de les doter des habilités et capacités nécessaires à l'exercice efficace de ces missions qui requièrent une compétence technique pointue et l'actualisation, à tout moment, des connaissances initiales. Elle devra aller de pair

---

[163] Chambre des comptes de la Cour suprême, Rapport annuel 2021, p. 151.

[164] *Ibidem.*

avec la formation et le recyclage des ordonnateurs. Cette formation devra s'inspirer des ateliers organisés par la Chambre des comptes depuis des années au bénéfice des différentes catégories des comptables publics.

VI. Sur l'écoute et la mise en œuvre des recommandations de la Chambre des comptes

La Chambre des comptes, de par son statut unique d'organe administratif et juridictionnel lui permettant d'émettre des avis, d'assister le gouvernement et le Parlement, de procéder à des audits, d'évaluer la gestion des administrations, des sociétés et entreprises publiques, formule de nombreuses recommandations à l'issue de ses investigations, constatations et observations.

Ces recommandations que rappellent ses rapports annuels sont autant multiples que variées. Certaines, on l'a vu, visent la réforme des attributions, de l'organisation et du fonctionnement de la Haute juridiction au regard des mutations du droit public financier. Elles soutiennent la Chambre des comptes comme acteur clé non seulement de l'application de la légalité financière, mais aussi de sa propre performance.

Mais, ces recommandations ne sont pas généralement suivies d'effets de la part des décideurs auxquelles elles s'adressent. Consciente des difficultés de mise en œuvre, la Chambre des comptes a proposé pour la première fois dans son rapport annuel 2021 de structurer le suivi de ses recommandations par la création d'un cadre de travail dédié. Plus exactement, elle demande *« la mise en place d'un cadre de travail portant organisation du suivi des recommandations de la Chambre des comptes et publication des travaux par elle menés*[165] ».

Il est peut-être temps en effet de tourner le dos au spectacle affligeant de l'accumulation du stock de recommandations de la Haute juridiction demeurées lettre morte jusqu'à maintenant. Il nous semble judicieux de passer de la simple écoute de la Chambre des comptes à la mise en œuvre effective de ses recommandations pour hâter les transformations induites par ses nouvelles compétences.

De toute façon, un cycle s'est refermé, un autre commence pour la Chambre des comptes, qui doit inlassablement œuvrer en vue de l'autonomisation de la responsabilité de l'ordonnateur pour faute de gestion.

---

[165] Chambre des comptes de la Cour suprême, Rapport annuel 2021, p. 150.

ANNEXES

ANNEXE 1
Arrêt n° 01/CDC/CSC/SR/DBF du 15 février 2024, Commune de Ngomedzap

EXTRAIT DES MINUTES DU GREFFE
DE LA CHAMBRE DES COMPTES

COUR SUPREME

CHAMBRE DES COMPTES

-=-=-=-=-=-=-=-

FORMATION DES SECTIONS REUNIES

~=~=~=~=~=~=~

Arrêt N° 01/CDC/CSC/SR/ DBF

Du 15 février 2024

DISCIPLINE BUDGETAIRE ET FINANCIERE

ENTITE

COMMUNE DE NGOMEDZAP

EXPÉDITION

MIS EN CAUSE

1- Mme **TSOUNGUI** Bleue Regine epse **OBAMA**, Maire de la Commune de NGOMEDZAP ;
2- Mr **EKANG EKANG** Jules, Receveur municipal de la Commune de NGOMEDZAP, (Me OWONO MBARGA COSMAS)

DECISION :
(voir dispositif)

AU NOM DU PEUPLE CAMEROUNAIS

--L'an deux mille vingt quatre
--Et le Quinze du mois de février

LA CHAMBRE DES COMPTES DE LA COUR SUPREME

Siégeant en formation des Sections Réunies, en la salle ordinaire des audiences en son siège sis Avenue Winston Churchill à Yaoundé sous la composition suivante :

Président : M. YAP ABDOU, Grand Officier de l'Ordre de la Valeur, Président de la Chambre des Comptes ;

Membres :

- Mme FOFUNG Justine NABUM épouse WACKA, Présidente de la 3ème Section ;
- M. MBENOUN Théodore, Président de la 1ère Section ;
- M. NGATCHA Isaïe, Président de la 4ème Section ;
- M. NDJOM NACK Elie Désiré, Président de la 2ème Section ;
- Mme NJONKOU MANGWA Rose épouse TCHOQUESSI, Conseiller ;
- M. SUH Alfred FUSI, Conseiller ;
- M. MANGA MOUKOURI Isaac, Conseiller Maître ;
- M. YEBGA MATIP Emmanuel, Conseiller Maître ;
- M. NDONGO ETAME David, Conseiller Maître ;
- M. DJOKO André, Conseiller Maître ;
- M. MIKONE Martin Bienvenu, Conseiller Maître ;
- M. ALIMA Jean Claude, Conseiller Maître ;

En présence de Mme MEYE Marie épse NNOMO ZANGA, Messieurs NIBA Georges AMANCHO et ONANA ETOUNDI Félix, Avocats Généraux Représentant le Ministère Public ;

Rôle 1

Avec l'assistance de Maître NGUIABEU Christiane épouse SIMO, Greffier de la formation des Sections Réunies, tenant la plume ;

A rendu en audience publique, conformément à la loi, en matière de discipline budgétaire et financière, dans la procédure concernant Dame TSOUNGUI Bleue Régine épse OBAMA, Maire de la Commune de NGOMEDZAP et Sieur EKANG EKANG Jules, Receveur municipal de ladite commune ;

L'arrêt dont la teneur suit :

Attendu que par lettre du 20 février 2023 accompagnée d'un dossier, adressés au président de la Chambre des Comptes, le Président de la Commission des Finances de la Commune de NGOMEDZAP a dénoncé les multiples irrégularités commises dans la gestion de ladite commune par Dame TSOUNGUI Bleue Régine épouse OBAMA, Maire de la Commune de NGOMEDZAP et Sieur EKANG EKANG, Receveur Municipal ;

Que sur cette base, le Procureur Général près la Cour Suprême a, par réquisitoire introductif d'instance du 17 avril 2023, saisi la Chambre des Comptes en sa Deuxième Section chargée des Collectivités Territoriales Décentralisées aux fins de poursuites des susnommés pour faute de gestion ;

Attendu que notifiée desdites poursuites, Dame TSOUNGUI Bleue Régine, épouse OBAMA , par requête du 23 juillet 2023, a soulevé devant ladite Section deux exceptions fondées, l'une sur l'incompétence de la Chambre des Comptes à connaitre de la faute de gestion qui lui est imputée et l'autre sur la nullité de la procédure engagée contre elle et le Receveur Municipal ;

Rôle 2

SUR LA SAISINE DE LA FORMATION DES SECTIONS REUNIES

Attendu que par décision N° 210/FG/S2 du 25 Octobre 2023, ladite Section a renvoyé la procédure devant la formation des Sections Réunies conformément à l'article 41 (2) de la loi N° 2006/016 du 29 Décembre 2006 fixant l'Organisation et le Fonctionnement de la Cour Suprême, lequel dispose : *« La formation des Sections réunies connait des affaires renvoyées devant elle soit par ordonnance du Premier Président, soit par arrêt d'une Section »* ;

Que la formation des Sections Réunies est dès lors régulièrement saisie ;

SUR LE MERITE DE LA REQUÊTE

EXPÉDITION

Attendu qu'au soutien de l'exception d'incompétence, Dame TSOUNGUI Bleue Régine épouse OBAMA expose que les dispositions de l'article 8 de la loi N°74/18 du 5 Décembre 1974 relatives au contrôle des ordonnateurs, gestionnaires et gérants des crédits publics et des Entreprises d'Etat, modifiée par la loi N°76/4 du 08 Juillet 1976 prévoient que c'est le Conseil de Discipline Budgétaire et Comptable (CDBC) devenu plus tard Conseil de Discipline Budgétaire et Financière (CDBF), qui est compétent pour examiner les fautes de gestion énumérées aux articles 3 et 6 de ce même texte ;

Qu'elle ajoute que s'il est exact que l'article 86 (3) de la loi n°2018/012 du 11 juillet 2018 portant Régime Financier de l'Etat et des Autres Entités Publiques reconnaît à la Chambre des Comptes le pouvoir *« de juger les ordonnateurs, les contrôleurs financiers et les comptables publics dans les conditions prévues aux articles 87 et 88 ci-dessous et de contrôler la légalité financière et la conformité budgétaire de toutes les opérations de dépenses et de recettes de l'Etat, en constatant à ce titre les irrégularités et fautes de gestion commises par les agents publics »*, il

Rôle 3

reste que cette loi n'indique aucune procédure permettant à cette juridiction de sanctionner les fautes de gestion;

Que dès lors, on ne peut comprendre par quelle gymnastique intellectuelle la Chambre des Comptes viendrait à emprunter à la loi du 5 décembre 1974, des procédures prévues pour le Conseil de Discipline Budgétaire et Comptable ;

Qu'au final, elle prétend que devant deux textes qui se neutralisent sur deux organes qui revendiquent chacun la même compétence, il appartient au justiciable de choisir l'organe dont le texte lui semble plus favorable, au nom des droits de la défense et de la sécurité juridique ;

Qu'elle conclut que la Chambre des Comptes doit se déclarer incompétente au profit du Conseil de Discipline Budgétaire et Financière ;
Attendu que s'agissant de l'exception de nullité, Dame TSOUNGUI Bleue Régine épouse OBAMA explique que le même article 8 de la loi N°74/18 du 5 Décembre 1974 relative au contrôle des ordonnateurs, gestionnaires et gérants des crédits publics et des entreprises d'Etat modifiée par la loi N°76/4 du 08 Juillet 1976 encadre la saisine de l'organe de sanction de la faute de gestion en ces termes:

« Sans préjudice des attributions qui pourraient lui être confiées par d'autres textes législatifs ou règlementaires, le Conseil de discipline budgétaire et comptable examine et statue sur les irrégularités énoncées aux articles 3 et 6 ci-dessus. Il peut être saisi par :

-le Président de la République ;
-le Ministre chargé de l'inspection générale de l'Etat ;

Rôle 4

-les Ministres supérieurs hiérarchiques des agents mis en cause ou chargés de la tutelle des établissements ou organismes victimes des irrégularités constatées » ;

Que la Chambre des Comptes a été saisie par un rapport du Président de la Commission des Finances de la Commune de NGOMEDZAP, alors que ce dernier ne fait pas partie des personnalités habilitées par la loi N°74/18 du 5 Décembre 1974 susvisée ;

Que la saisine étant irrégulière, la procédure ainsi engagée doit être annulée ;

Attendu que le Ministère Public conclut d'une part, au rejet de l'exception d'incompétence comme non fondée et d'autre part au bien-fondé de l'exception de nullité de la procédure ;

Attendu que dans sa plaidoirie à l'audience du 13 février 2024, Maître OWONO MBARGA Cosmas, Conseil des mis en cause, s'est associé à ces réquisitions du Ministère Public ;

Sur l'exception d'incompétence

Attendu que la requête de Dame TSOUNGUI Bleue Régine épouse OBAMA pose de prime abord le problème de conflit des lois dans le temps, en l'occurrence le conflit entre d'une part, la loi N°74/18 du 5 Décembre 1974 relative au contrôle des ordonnateurs, gestionnaires et gérants des crédits publics et des Entreprises d'Etat modifiée par la loi N°76/4 du 08 Juillet 1976, qui attribue la compétence de jugement des fautes de gestion au Conseil de Discipline Budgétaire et Comptable remplacé plus tard par le Conseil de Discipline Budgétaire et Financière et d'autre part, la loi n°2018/012 du 11 juillet 2018 portant Régime Financier de l'Etat et des Autres Entités Publiques qui attribue cette compétence à la Chambre des Comptes de la Cour Suprême ;

Attendu qu'en la matière, le principe est celui de l'application de la loi la plus récente, en l'occurrence celle n° 2018/012 du 11 juillet 2018 suscitée qui rend dès lors caduque la loi n° 74/18 du 5 décembre 1974, sur cette question de l'organe compétent ;

Qu'en effet les articles 86(3),87(1) et 89(1) de la loi n° 2018/012 du 11 juillet 2018 disposent, s'agissant de la compétence de la Juridiction des Comptes :

Article 86 (3) : « *Elle a pour missions :*

- *de juger les ordonnateurs, les contrôleurs financiers et les comptables dans les conditions prévues aux articles 87 et 88 ci-dessous ;*
- *de contrôler la légalité financière et la conformité budgétaire de toutes les opérations de dépenses et de recettes de l'Etat. A ce titre, elle constate les irrégularités et fautes de gestion commises par les agents publics et fixe, le cas échéant, le montant du préjudice qui en résulte pour l'Etat. Elle peut en outre prononcer des sanctions…* » ;

Article 87 (1) : « *En cas de faute de gestion telle que définie à l'article 88 ci-dessous, tous les ordonnateurs encourent, à raison de l'exercice de leurs attributions, les sanctions prévues par les lois et règlements, sans préjudice de celles prononcées par la Juridiction des Comptes.* »

Article 89 (1) : « *Sans préjudice des sanctions infligées par d'autres juridictions, les fautes de gestion sont sanctionnées, notamment par des amendes, par la Juridiction des Comptes.* » ;

Qu'il en découle que la compétence d'attribution reconnue à la Chambre des Comptes par ces dispositions légales, est indiscutable ;

Qu'ainsi et contrairement aux affirmations de Dame TSOUNGUI Bleue Régine épouse OBAMA, il ne peut appartenir au justiciable de choisir sa loi et corrélativement, l'organe qui lui parait le plus favorable ;

Que l'on ne saurait raisonnablement envisager que le législateur ait voulu à travers deux lois, confier de manière concurrente, une même

Rôle 6

compétence à la fois à un organe administratif qu'est le CDBF et à un organe juridictionnel qu'est la Chambre des Comptes de la Cour Suprême;

Que l'exclusivité du contrôle juridictionnel des entités publiques et autres entreprises publiques étant constitutionnellement dévolue à la Chambre des Comptes, la sanction des irrégularités et fautes de gestion constatées ressortit logiquement à la compétence de cette juridiction ;

Attendu par ailleurs que l'intervention d'un organe autre que la juridiction financière dans la sanction de la faute de gestion comporte des risques, en ce que les décisions rendues par le CDBF étant susceptibles d'être déférées devant le Tribunal Administratif dont les jugements peuvent faire l'objet de recours devant la Chambre Administrative de la Cour Suprême, il s'avère dès lors que la poursuite par cette Chambre de l'examen de toute question relative à la discipline budgétaire et financière, la met en porte à faux avec la loi N°2018/012 du 11 juillet 2018 ;

Qu'il découle de cette analyse que le CDBF ne saurait raisonnablement conserver sa compétence en matière de sanction de la faute de gestion, au risque de conduire les deux Chambres de la Haute Juridiction à se retrouver en concurrence sur une même compétence, et ce en violation de la loi n° 2006/016 du 29 décembre 2006 fixant l'organisation et le fonctionnement de la Cour Suprême ;

Attendu en outre que l'argument tiré de la non-abrogation de la loi N°74/18 du 5 Décembre 1974 telle que modifiée, pour justifier le maintien de la compétence du CDBF en matière de faute de gestion, ne saurait davantage prospérer ;

Qu'en effet, il est observé qu'à l'origine, la sanction de la faute de gestion relevait de la compétence du Conseil de Discipline Budgétaire et Comptable (CDBC) crée par la loi N°74/18 du 5 Décembre 1974 puis remplacé par le Conseil de Discipline Budgétaire et Financière (CDBF),

pouvoir de contrôle. A cet effet, la commission chargée des finances peut demander à la juridiction des comptes la réalisation de toute enquête sur la gestion des services ou organisme qu'elle contrôle » ;

Qu'il découle de cette disposition que c'est à tort que sur la base de cette seule dénonciation, le réquisitoire introductif d'instance aux fins de poursuites pour faute de gestion a été pris, sans qu'au préalable l'enquête prévue n'ait été diligentée ;

Que ce réquisitoire apparaît donc prématuré ;

Que la procédure étant ainsi viciée, il convient de l'annuler ;

PAR CES MOTIFS

Statuant publiquement, contradictoirement, en matière de discipline budgétaire et financière, en formation des Sections Réunies, en collégialité et à l'unanimité des voix des membres ;

- **Rejette l'exception d'incompétence comme non fondée ;**
- **Se déclare compétente pour juger les fautes de gestion ;**
- **Dit cependant fondée l'exception de nullité soulevée par Dame TSOUNGUI Bleue Régine ;**
- **Annule en conséquence la procédure de faute de gestion engagée contre elle et Sieur EKANG EKANG Jules.**

Ainsi fait, jugé et prononcé en audience publique, les mêmes jour, mois et an que dessus.

Ont signé la minute du présent arrêt :

Rôle 10

pouvoir de contrôle. A cet effet, la commission chargée des finances peut demander à la juridiction des comptes la réalisation de toute enquête sur la gestion des services ou organisme qu'elle contrôle » ;

Qu'il découle de cette disposition que c'est à tort que sur la base de cette seule dénonciation, le réquisitoire introductif d'instance aux fins de poursuites pour faute de gestion a été pris, sans qu'au préalable l'enquête prévue n'ait été diligentée ;

Que ce réquisitoire apparaît donc prématuré ;

Que la procédure étant ainsi viciée, il convient de l'annuler ;

PAR CES MOTIFS

Statuant publiquement, contradictoirement, en matière de discipline budgétaire et financière, en formation des Sections Réunies, en collégialité et à l'unanimité des voix des membres ;

- **Rejette l'exception d'incompétence comme non fondée ;**
- **Se déclare compétente pour juger les fautes de gestion ;**
- **Dit cependant fondée l'exception de nullité soulevée par Dame TSOUNGUI Bleue Régine ;**
- **Annule en conséquence la procédure de faute de gestion engagée contre elle et Sieur EKANG EKANG Jules.**

Ainsi fait, jugé et prononcé en audience publique, les mêmes jour, mois et an que dessus.

Ont signé la minute du présent arrêt :

Rôle 10

ANNEXE 2
Avis n° 001/CDC/CSC du 26 novembre 2024 de la Chambre des Comptes de la Cour suprême

REPUBLIQUE DU CAMEROUN

PAIX – TRAVAIL - PATRIE

-=-=-=-=-=-=-=-

COUR SUPREME

-=-=-=-=-=-

CHAMBRE DES COMPTES

EXTRAIT DES MINUTES DU GREFFE DE LA CHAMBRE DES COMPTES

REPUBLIC OF CAMEROON

PEACE – WORK - FATHERLAND

-=-=-=-=-=-=-=-=-=-

SUPREME COURT

-=-=-=-=-=-

AUDIT BENCH

AVIS N° 001/ CDC/CSC DU 26 NOVEMBRE 2024 DE LA CHAMBRE DES COMPTES DE LA COUR SUPREME

EXPÉDITION

La Chambre des Comptes de la Cour Suprême du Cameroun siégeant en Chambre du Conseil le vingt et six novembre 2024 à 11 heures, en la salle ordinaire de ses audiences sise à son siège, Avenue Winston Churchill à Yaoundé, a rendu **l'avis dont la teneur suit :**

Vu la Constitution ;

Vu la loi n° 2003/005 du 21 avril 2003 fixant les attributions, l'organisation et le fonctionnement de la Chambre des Comptes de la Cour Suprême ;

Vu la loi n° 2006/016 du 29 décembre 2006 fixant l'organisation et le fonctionnement de la Cour Suprême ;

Vu la loi n° 2018/012 du 11 juillet 2018 portant Régime Financier de l'Etat et des autres Entités Publiques ;

Vu le décret n° 2020/375 du 07 juillet 2020 portant Règlement Général de la Comptabilité Publique ;

Vu la demande d'avis n° 7978/MINFI/SG/DAJ du 04 juillet 2024 de Monsieur le Ministre des Finances ;

Vu le rapport du 18 juillet 2024 de Monsieur Théodore MBENOUN, magistrat rapporteur ;

Vu les conclusions de Monsieur le Procureur Général près la Cour Suprême ;

Vu l'ordonnance n° 2024/22/CAB/PCDC/CSC convoquant les membres de la Chambre des Comptes à siéger en Chambre du Conseil le mardi 26 novembre 2024 à 11 heures pour l'examen de la demande d'avis susvisée ;

1

Par lettre n° 7978/MINFI/SG/DAJ du 04 juillet 2024, le Ministre des Finances a saisi la Chambre des Comptes aux fins de solliciter son avis sur la validité des arrêtés de débet qui lui ont été transmis pour exécution, par Madame le Ministre Délégué à la Présidence de la République chargé du Contrôle Supérieur de l'Etat.

Il ressort de l'ensemble du dossier qu'en sa séance du 20 avril 2023, le Conseil de Discipline Budgétaire et Financière (CDBF) a rendu deux décisions, celle n°0001/D/CDBF et celle n°00002/D/CDBF prononçant des sanctions pour fautes de gestion contre le Cabinet Conseil ATOU S.A., représenté par Sieur ATOU Lazare.

C'est sur la base de ces deux décisions qu'ont été signés les arrêtés querellés.

EN LA FORME

Aux termes de l'article 10 de la loi n° 2003/005 du 21 avril 2003 fixant les attributions, l'organisation et le fonctionnement de la Cour Suprême, *« Lorsqu'elle est saisie, la Chambre des Comptes donne son avis sur toute question relative au contrôle et au jugement des comptes. »*

La Chambre des Comptes est donc compétente pour donner l'avis sollicité par le Ministre des Finances.

AU FOND

I - SUR LA VALIDITE DE CES ARRETES

Ces deux arrêtés s'appuient sur les deux décisions du CDBF sus indiquées, qui se heurtent toutefois à la question de la compétence de ce dernier organe à sanctionner les fautes de gestion.

En effet, si la loi n° **74/18 du 5 décembre 1974** ***relative au contrôle des ordonnateurs, gestionnaires et gérants des crédits publics et des entreprises d'Etat modifiée par la loi n° 76/6 du 8 juillet 1976*** a, en ses articles 8 et suivants, fait du Conseil de Discipline Budgétaire et Comptable (CDBC) devenu plus tard Conseil de Discipline Budgétaire et Financière (CDBF) l'organe compétent pour juger les fautes de gestion, la législation en la matière a évolué depuis 2018.

L'article **86(3)** de la loi **n° 2018/012 du 11 juillet 2018** ***portant Régime financier de l'Etat et des autres entités*** dispose en effet, s'agissant de la compétence de la Juridiction des Comptes :

« *<u>Article 86 (3)</u> : Elle a pour missions :*

- *de juger les ordonnateurs, les contrôleurs financiers et les comptables dans les conditions prévues aux articles 87 et 88 ci-dessous ;*
- *de contrôler la légalité financière et la conformité budgétaire de toutes les opérations de dépenses et de recettes de l'Etat. A ce titre, elle constate les irrégularités et fautes de gestion commises par les agents publics et fixe, le cas échéant, le montant du préjudice qui en résulte pour l'Etat. Elle peut en outre prononcer des sanctions… » ;*

Les Présidents de Section

FOFUNG Justine NABUM épse WACKA

MBENOUN Theodore

NGATCHA Isaïe

NDJOM NACK Elie Désiré

Les Conseillers

NJONKOU MANGWA Rose
épse TCHOQUESSI

SUH Alfred FUSI

Les Conseillers Maîtres

MANGA MOUKOURI Isaac

YEBGA MATIP

NDONGO ETAME David

DJOKO André

MIKONE Martin Bienvenu

ALIMA Jean Claude

OUMAROU ABDOU

Le Greffier de séance

OUWE MISSI Martial Milhaud

POUR EXPEDITION CERTIFIEE CONFORME
CERTIFIED TRUE COPY ISSUED BY
DELIVREE PAR NOUS GREFFIER EN CHEF SOUSSIGNE
THE REGISTRAR IN CHIEF UNDERSIGNE
YAOUNDE LE/THE 3 0 DEC 20

REPUBLIQUE DU CAMEROUN
Republic of Cameroon
CHAMBRE DES COMPTES
Le Greffier en Chef
AUDIT BENCH
COUR SUPREME

Nguetchueng Bertrand
Administrateur Principal des Greffes

ANNEXE 3

Ordonnance n° 18/OSE/CAB/PTA/YDE du 22 août 2024 accordant le sursis à exécution AFFAIRE : MEKULU MVONDO AKAME Alain Noël Olivier c/ État du Cameroun/CONTRÔLE SUPERIEUR DE L'ETAT (CONSUPE)

TRIBUNAL ADMINISTRATIF DU CENTRE

YAOUNDE

CABINET DU PRESIDENT

DELIVRE A TITTRE NOTIFICATION

RECOURS N°077/SUR/G/2024 DU 08 AVRIL 2024

AFFAIRE :

MEKULU MVONDO AKAME Alain Noël Olivier

C/

ETAT DU CAMEROUN / CONTROLE SUPERIEUR DE L'ETAT (CONSUPE)

REPUBLIQUE DU CAMEROUN

Paix – Travail – Patrie

ORDONNANCE N° 18 /OSE/CAB/PTA/YDE/2024 ACCORDANT LE SURSIS A EXECUTION

AU NOM DU PEUPLE CAMEROUNAIS

EXPEDITION

----L'an deux mille vingt-quatre ;

----Et le 22 AOUT 2024

-Nous AISSATOU ABDOULAYE OUMAROU, Président par intérim du tribunal administratif du Centre à Yaoundé ;

----Vu la Constitution ;

----Vu la loi n° 2006/015 du 29 décembre 2006 portant organisation judiciaire de l'Etat du Cameroun ;

----Vu la loi n° 2006/022 du 29 décembre 2006 fixant l'organisation et le fonctionnement des Tribunaux Administratifs ;

----Vu le décret n° 2012/119 du 15 mars 2012 portant ouverture des Tribunaux Administratifs ;

---- Vu le décret n°2020/440 du 10 août 2020 portant nomination des magistrats du Siège des Tribunaux Administratifs ;

---- Vu la directive n°01/11/UEAC-190-CM-22 du 19 décembre 2011 relative aux lois de finances ;

1

---- Vu la loi n°2018/012 du 11 juillet 2018 portant régime financier de l'Etat et autres entités publiques ;

---- Vu la requête enregistrée au greffe du tribunal administratif du Centre le 08 avril 2024, sous le n°0689, par laquelle sieur MEKULU MVONDO AKAME Alain Noël Olivier, Directeur Général de la Caisse Nationale de Prévoyance Sociale (CNPS), ayant pour mandataire le Professeur ABA'A OYONO Jean-Calvin, Tél : 697 025 243, demande au Président, juge des sursis, d'ordonner le sursis à exécution de la décision verbale de mise en. débet de 609.578.192 (six cent neuf millions cinq cent soixante-dix-huit mille cent quatre-vingt-douze) FCFA prononcée par le Conseil de Discipline Budgétaire et Financière (CDBF) à son encontre ;

Il expose que :

- Le 07 mars 2017, il a été notifié de la mission spéciale de contrôle et de vérification auprès de la Caisse Nationale de Prévoyance Sociale (CNPS) pour la période allant de 2008 à 2016, mission accomplie pendant trois ans, à l'issue de laquelle il a été traduit devant le Conseil de Discipline Budgétaire et Financière (CDBF), lequel a lors de sa dernière session, prononcé la décision attaquée, entachée d'excès de pouvoir manifesté par la violation de la constitution, du droit communautaire, de la loi, l'inexactitude matérielle des faits, le

2

défaut de motivation et le détournement de pouvoir ;

- La mesure de mise en débet en querelle qui ne constitue pas un acte de police administrative est de nature à lui causer un préjudice multiple du fait d'un contrôle qui a investi les locaux de la CNPS durant trois ans, rendant l'accomplissement de la mission de service public intenable psychologiquement, les contraintes stressantes tenant à la pression de nombreuses significations de demandes de renseignements, perturbant son mode de vie à travers les fuites des actes de contrôle sur les réseaux sociaux et la presse écrite, faisant de lui un adepte de détournement de deniers publics et portant atteinte à son honorabilité ;

- Sa requête est conforme à l'article 30 de la loi n°2006/022 du 29 décembre 2006 portant organisation et fonctionnement des Tribunaux Administratifs ;

---- Vu le mémoire en défense de l'Etat du Cameroun (CONSUPE) enregistré au greffe du tribunal de céans le 12 juillet 2024 sous le n°1545, soutenu par monsieur Jean EKOBY SAMNDA, vérificateur assistant dans l'administration susmentionnée, par lequel il nous demande de déclarer irrecevable comme prématurée, la requête de sieur MEKULU MVONDO AKAME Alain Noël Olivier et la rejeter comme injustifiée ;

Il soutient que :

3

- Le requérant a violé les dispositions des articles 17 et 18 de la loi n°2006/022 du 29 décembre 2006 ainsi que 10 et 13 alinéa 3 de la loi n°74/18 du 05 décembre 1974 relative au contrôle des ordonnateurs, gestionnaires et gérants des crédits publics et des entreprises d'Etat, modifiée par la loi n°76/4 du 08 juillet 1976 en ce qu'à la date de dépôt de son recours, il ne justifie pas de la notification de la décision verbale querellée ni de la signature par l'autorité compétente de l'arrêté y relatif le mettant en cause et ne rapporte pas la preuve au plan pécuniaire de l'exécution à ses dépens, de la décision querellée ;

- Sa requête n'est pas conforme à l'article 30 de la loi n°2006/022 du 29 décembre 2006 fixant l'organisation et le fonctionnement des Tribunaux Administratifs, l'exécution de l'acte en querelle au cas où il viendrait à être formalisé et rendu exécutoire, n'étant pas de nature à lui causer un préjudice irréparable ;

---- Vu les conclusions de monsieur le Procureur Général près le tribunal administratif de céans du 06 août 2024, par lesquelles il nous demande de déclarer la requête en sursis recevable et justifiée ;

Il relève que :

-Les arguments développés par le requérant semblent pertinents bien que l'examen de ceux-ci ne soit possible que lors de l'instruction de cette affaire au fond ;

-Depuis l'avènement de la loi n°2018/12 du 11 juillet portant régime financier de l'Etat et des autres entités publiques, ensemble les directives de la CEMAC (relatives aux lois de finances, et au code de transparence et de bonne gouvernance dans la gestion des finances) et la jurisprudence actuelle de la Cour Suprême, la compétence du CDBF s'agissant du contrôle juridictionnel des opérations budgétaires et comptables des administrations publiques, est désormais contestée (Arrêt n°01/CDC/CSC/SR/DBF du 15 février 2024 de la chambre des comptes de la Cour Suprême siégeant en sections réunies :CDBF c/ Commune de Ngomedzap);

-En l'état, il est indéniable que la décision de mise en débet prise par le CDBF est de nature à causer un préjudice irréparable au requérant tant financièrement que par rapport à son honorabilité ;

---- Vu le recours gracieux de sieur MEKULU MVODO AKAME Alain Noël Olivier, adressé le 1er avril 2024 à madame le Ministre Délégué à la Présidence de la République chargée du Contrôle Supérieur de l'Etat ;

---- Vu les autres pièces du dossier ;

SUR LA RECEVABILITE :

---- Considérant que la requête de sieur MEKULU MVODO AKAME Alain Noël Olivier satisfait aux conditions relatives à la nature de l'acte attaqué, à l'existence d'un recours gracieux et à la qualité ;

---- Qu'il y a lieu de la déclarer recevable ;

SUR LA DEMANDE DE SURSIS :

---- Considérant que le premier paragraphe de l'article 72 de la directive CEMAC n°01/11/UEAC-190-CM-22 du 19 décembre 2011 relative aux lois de finances dispose que : « le contrôle juridictionnel des opérations budgétaires et comptables des administrations publiques est assuré par une Cour des Comptes qui doit être créée dans chaque Etat membre » ;

---- Que l'article 89 (1) de la loi n°2018/12 du 11 juillet 2018 portant régime financier de l'Etat et des autres entités publiques dispose que : « sans préjudice des sanctions infligées par d'autres juridictions, les fautes de gestion sont sanctionnées notamment par des amendes, par la Juridiction des Comptes » ;

---- Que par arrêt n°01/CDC/SR/DBF du 15 février 2024 de la Chambre des comptes siégeant en formation des sections réunies, dans l'affaire opposant le CDBF à la

6

Commune de NGOMEDZAP, la Chambre des Comptes précise : « Que dès lors la consécration par la loi n°2018/012 du 11 juillet 2018 de la Chambre des Comptes comme nouvel organe chargé de la sanction de la faute de gestion, s'accommode parfaitement du maintien en vigueur de la loi n°74/18 du 05 décembre 1974 » ;

---- Considérant qu'au regard des sus dispositions légales et jurisprudentielles, les arguments développés par le requérant paraissent pertinents ;

---- Que la matérialisation et la mise en vigueur de la sanction verbale en querelle alors qu'il est admis que l'acte administratif peut être verbal, serait de nature à causer un préjudice irréparable au requérant par la perte de son honorabilité, ce d'autant que celle-ci est relayée par divers médias ;

---- Que la décision attaquée n'intéresse ni l'ordre public ni la sécurité ou la tranquillité publique ;

---- Qu'il convient d'accorder le sursis sollicité en attendant qu'il soit statué sur l'excès de pouvoir allégué ;

---- Considérant que le recours principal est à venir ;

---- Qu'il sied de réserver les dépens ;

7

PAR CES MOTIFS :

ORDONNONS

Article 1er : La requête de sieur MEKULU MVONDO AKAME Alain Noël Olivier est recevable ;

Article 2 : Elle est justifiée ; par conséquent les effets de la décision verbale de mise en débet de 609.578.192 (six cent neuf millions cinq cent soixante-dix-huit mille cent quatre-vingt-douze) FCFA sont suspendus ;

Article 3 : Les dépens sont réservés ;

Article 4 : La présente ordonnance exécutoire sur minute sera notifiée aux parties par les soins du Greffier en Chef ;

---- Copie sera adressée à monsieur le Procureur Général près le tribunal de céans ;

---- Ainsi décidé et ordonné en notre Cabinet sis au Palais de Justice les mêmes jour, mois et an que dessus ;

---- Et a signé madame le Président. /-

Pour Expédition Certifiée Conforme Délivrée par Nous, Greffier en Chef Soussigné et ce avant Enregistrement en Exécution de la Circulaire n°124 / PG du 14 Novembre 1958

à Yaoundé le, 23 AOUT 2024

REPUBLIQUE DU CAMEROUN – Republic of Cameroon – Tribunal Administratif du Centre – YAOUNDE – Le Greffier en Chef – Ministry of Justice – MINISTERE DE LA JUSTICE

Ebindi Yves Sylvain

Administrateur des Greffes

REPUBLIQUE DU CAMEROUN – REPUBLIC OF CAMEROON – Paix - Travail - Patrie – TRIBUNAL ADMINISTRATIF

AISSATOU ABDOULAYE OUMAROU

8

ANNEXE 4
Arrêt n° 06/AD/CSC/CDC/S3/12 du 30 mai 2012, Compte de gestion de l'Office National du Cacao et du Café (ONCC), Exercice 2006 et 2007

(...)

Injonction n° 16 : Paiement des salaires et avantages au directeur général

« Attendu que l'injonction n° 16 demandait au directeur général de l'ONCC Monsieur Michael NDOPING, de reverser dans les caisses de l'ONCC la somme de 51. 040. 000 FCFA en vertu des dispositions de la loi n° 99/016 du 22 décembre 1999 portant statut général des établissements publics et des entreprises du secteur public et parapublic et de l'article 7 du décret n°87/1141 du 20 août 1987 qui dispose que tout dépassement de plafonds prévu est à la charge du responsable concerné au motif que « par résolution n° 6 du conseil d'administration fixant les salaires et avantages du directeur général et du directeur général adjoint en date du 1er septembre 2006, le comptable a procédé aux paiements de salaires et autres avantages à ce responsable suivant le tableau n° 14 ci-dessous » ;

« Attendu qu'on constate non seulement un dépassement considérable des montants arrêtés par ledit décret, mais encore des avantages non prévus ainsi que le relèvent les données du tableau n° 14 ci-dessous » ;

« Que s'agissant du DG, le montant en dépassement mensuel s'élève à 3. 190. 000 FCFA » ;

« Attendu qu'en tenant compte de la date d'adoption de la résolution du conseil d'administration suscitée qui est le 1er septembre 2006, on évalue à 16 le nombre de salaires indument perçus, soit pour Michael NDOPING : 3. 190. 000 FCFA x 16 = 51. 040. 000 FCFA » ;

« Que par ailleurs l'article 15 du même décret dispose que les conseils d'administration ne peuvent en aucun cas accorder des salaires, des indemnités ou des avantages non prévus par le présent décret » ;

« Qu'en réponse, Monsieur Michael NDOPING rappelle les faits suivants :

« - L'ONCC est un établissement public administratif régi par la loi n° 99/016 du 22 décembre 1999 portant statut général des établissements publics et des entreprises du secteur public et parapublic » ;

« - LONCC est créé par décret n°91/274 du 12 juin 1991 modifié et complété par le décret n°97/142 du 28 août 1997 » ;

« - L'ONCC est doté d'un conseil d'administration comprenant 08 membres, dont les représentants du ministère des Finances et du ministère du Commerce » ;

« - L'ONCC est doté d'un contrôle financier, d'une agence comptable et d'un comptable matière, tous nommés par le ministre des Finances » ;

« - Le conseil d'administration a adopté la résolution n° 6 fixant les salaires et avantages après les consultations et en tenant compte des pratiques en cours dans les établissements publics similaires à l'instar de l'ARMP, de l'ARSEL et de l'ART » ;

« - La référence au décret n°87/1141 du 20 août 1987 a été expressément omise dans le décret n°97/142 du 28 août 1997 modifiant le décret n°91/274 du 12 juin 1991 portant création de l'ONCC. Cette omission constitue une reconnaissance tacite par le président de la République de la caducité du décret n°87/1141 du 20 août 1987 » ;

« -Après le conseil, le budget et les résolutions avaient été transmis aux tutelles technique et financière qui n'ont formulé aucune observation ni d'interprétations contraires à ces résolutions » ;

« -Aucune note de rejet émanant de l'agent comptable ni du contrôleur financier n'a été enregistrée » ;

« - Depuis que la juridiction financière a posé le problème de l'applicabilité du décret n°87/1141 du 20 août 1987, les tutelles techniques continuent d'approuver les plans d'action de l'ONCC » ;

« En définitive, Monsieur Michael NDOPING estime que c'est la responsabilité collective du conseil d'administration qui est engagée et non la sienne, car lui n'a fait qu'exécuter les résolutions du conseil et de ses tutelles technique et financière » ;

« Attendu que son conseil, le Bâtonnier Patrice MONTHE, a repris tout cet argumentaire lors de l'audience en insistant particulièrement sur les points suivants » :

« - L'incompétence de la Chambre des comptes de la Cour suprême sur Monsieur Michael NDOPING, directeur général qui n'est pas comptable public ou de fait en violation des articles 2,5,6 et 7 de la loi n° 2003/005 du 21 avril 2003 fixant les attributions, l'organisation et le fonctionnement de la Chambre des comptes de la Cour suprême » ;

« - La caducité du décret n°87/1141 du 20 août 1987 » ;

« -Les pouvoirs du conseil d'administration ».

« Attendu que tous ces arguments ne sont pas fondés pour les motifs ci-dessous développés » :

« Attendu que l'ONCC est un établissement administratif créé par décret n°91/274 du 12 juin 1991 modifié par le décret n°97/142 du 25 août 1997 » ;

« Attendu que les pouvoirs du conseil d'administration d'un établissement public administratif sont différents des pouvoirs du conseil d'administration d'une société d'économie mixte » ;

« Attendu que sur le statut du directeur général d'une société d'économie mixte, l'article 47 (1) dispose : « Le directeur général et s'il y a lieu le directeur général adjoint sont nommés à la majorité des deux tiers (2/3) par le conseil d'administration sur proposition de l'actionnaire majoritaire ou unique.... » ;

« (2) « La rémunération et les avantages du directeur général ou du directeur général adjoint sont fixés à la majorité des deux tiers (2/3) par le conseil d'administration, sous réserve des plafonds fixés par la règlementation en vigueur » ;

« Attendu que les administrateurs d'un établissement public administratif ne sont pas actionnaires » ;

« Attendu que le conseil d'administration (d'un établissement public administratif) est composé des représentants des administrations concernées par l'exécution des missions assignées à l'établissement (article 63 loi n° 99/016) » ;

« Attendu que l'article 67 de la loi n° 99/016 du 22 décembre 1999 dispose : (1) « Le conseil d'administration a les pouvoirs les plus étendus pour :

« - Agir au nom de l'établissement public administratif » ;

« - Définir et orienter la politique générale dudit établissement et évaluer sa gestion dans les limites fixées par son objet sous réserve des dispositions de la présente loi » ;

« (2) « Les règles visées aux articles 41 à 46 de la présente loi sont applicables aux conseils d'administration des établissements publics administratifs » ;

« Attendu que de ce fait, le conseil d'administration d'un établissement public administratif n'a pas le pouvoir d'appliquer l'article 47 de la loi n° 99/016 » ;

« Attendu que le conseil d'administration de l'ONCC en appliquant l'article 47 de la loi suscitée, a agi ultra petita et sa décision est frappée d'une nullité absolue » ;

« Attendu que l'article 41 de la loi susvisée dispose : « Le conseil d'administration a les pouvoirs d'adopter l'organigramme, le règlement intérieur, le barème des salaires et les avantages du personnel proposés par le directeur général » ;

« Attendu que l'article 51 (1) de la même loi dispose : Le directeur général est chargé de :

« - Recruter, nommer, noter et licencier le personnel, sous réserve des dispositions de l'article 41 ci-dessus » ;

« - Fixer leurs rémunérations et avantages dans le respect des lois et règlements en vigueur… » ;

« Attendu que l'article 71(2) dispose : « Pour l'accomplissement de ses missions, le directeur général d'un établissement public administratif jouit des mêmes prérogatives que le directeur général de la société à capital public telles que prévues à l'article 51 de la loi suscitée » ;

« Que par ailleurs, les résolutions du conseil d'administration et les pratiques en cours dans les établissements publics administratifs similaires ne sauraient se substituer à l'existence d'un texte législatif ou règlementaire » ;

« Attendu que l'article 68 de la loi suscitée dispose : « Le directeur général est nommé par décret du président de la République... » ;

« Que ledit décret précise : « L'intéressé aura droit aux avantages de toute nature prévus par la règlementation en vigueur » ;

« Qu'en conséquence, la seule règlementation en vigueur qui fixe la rémunération et les avantages des responsables des établissements publics est le décret n°87/1141 du 20 août 1987, et ceci confirmé par la circulaire MINEFI n° 06/013/CF du 12 janvier 2006 qui prescrit que toute « attribution des indemnités, des remises et des primes de rendement doit reposer sur un texte législatif ou règlementaire » ;

« Attendu que l'article 2 dudit décret dispose : « Les dispositions du présent décret s'appliquent à l'ensemble du personnel de nationalité camerounaise des sociétés d'État, des établissements publics, des sociétés ou entreprises dans lesquelles les intérêts publics représentent au moins cinquante et un (51) % du capital social (...) » ;

« Attendu que la sanction est prévue par l'article 7 du même décret qui dispose : « Tout dépassement des plafonds des avantages prévus à l'article 6 ci-dessus est à la charge du responsable concerné » ;

« Attendu par ailleurs que la Chambre des comptes est la plus haute juridiction en matière de jugement des comptes (Cf. : article 38 de la Constitution) » ;

« Qu'un compte public est la traduction chiffrée de tout le patrimoine physique et financier de la structure en question » ;

« Qu'en conséquence, une juridiction financière ne juge pas le comptable, mais les comptes publics pour s'assurer de la conformité des actes posés aux lois et règlements en vigueur » ;

« Qu'ensuite, Monsieur Michael NDOPING n'a pas été sanctionné pour les actes qu'il a posés comme ordonnateur, mais comme bénéficiaire des fonds publics en violation des textes en vigueur ci-dessus répertoriés » ;

« Que de ce fait, il a manipulé les fonds publics et peut être assimilé à un régisseur de recettes et sanctionné en conséquence » ;

« Attendu que l'article 53 (1) de la loi n° 2003/005 dispose : « Les défauts comptables qui ne sont pas mis à la charge pécuniaire des comptables sont couverts par celui (individu) qui crée le défaut comptable » ;

« Qu'en clair, la Chambre des comptes sanctionne toutes irrégularités relevées dans un compte produit par le comptable public pour sauvegarder la fortune publique » ;

« Qu'en somme, l'analyse de cette réponse laisse voir que Monsieur Michael NDOPING n'a pas répondu de façon satisfaisante aux irrégularités relevées ci-dessus » ;

« Qu'en conséquence, il y a lieu de transformer l'injonction n° 16 en débet » ;

« Débet à l'encontre de Monsieur Michael NDOPING pour le remboursement de la somme de 51. 040. 000 FCFA à la caisse de l'ONCC ».

ANNEXE 5
Arrêt n° 04/AD/CSC/CDC/SR du 30 août 2012, EFFALA ESSOMBA, ROULY MBILA Jean et MINKONGO Thomas Louis, Exercices 2005 et 2006

(…)

« Vu le dossier du rapport n° 0017/R/PR/CONSUPE/CDBF du 27 août 2008 du Conseil de discipline budgétaire et financier dans l'affaire contre Messieurs :

- MINKONGO Thomas Louis, directeur des ressources financières et matérielles du ministère des Enseignements secondaires (MINSEC) ;

- MVONDO MVONDO Augustin, coordonnateur de la cellule des projets PPTE » ;

« Vu l'ordonnance n° 02/CSC/CDC/S1 du 18 février 2009 de Monsieur le Président de la 1re Section de la Chambre des comptes désignant le conseiller référendaire NDJOM NACK Elie, rapporteur en la cause » ;

« Vu le rapport n° 06 CSC/CDC/SR du 07 juin 2011 de Monsieur DJOM NACK Elie, produit dans l'affaire contre MINKONGO Thomas Louis » ;

« Vu le dossier relatif au rapport n° 0010/PR/CONSUPE/DIAC du 24 avril 2008, objet de la décision n° 0030/D/PR/SG/CONSUPE/CDBF du 26 mai 2008 de Monsieur le Ministre délégué à la présidence de la République chargé du Contrôle supérieur de l'État traduisant Messieurs ROULY MBILA Jean et EFFALA ESSOMBA devant le Conseil de discipline budgétaire et financière qui s'est déclaré incompétent à statuer sur certains faits mis à leur charge en sa session du 26 avril 2008 » ;

« Vu l'ordonnance n° 17/CSC/CDC/S1 du 18 février 2009 de Monsieur le Président de la 1re Section de la Chambre des comptes désignant le conseiller maître MIKONE Martin Bienvenu dans l'affaire ROULY MBILA Jean et EFFALA ESSOMBA » ;

« Vu l'ordonnance n° 26/CSC/CDC du 19 octobre 2010 de Monsieur le Président de la Chambre des comptes fixant les matières dont connaissent différentes formations de la Chambre des comptes de la Cour suprême » ;

« Vu les arrêts avant-dire-droit n°ADD/02/SR du 14 juin 2011 et n°ADD/03/SR du 14 juin 2011 rendus à la suite des rapports n° 03/S1 du 16 février 2010 dans l'affaire contre EFFALA ESSOMBA et n° 07/S1 du 27 août 2010 dans l'affaire contre ROULY MBILA Jean » ;

« Vu les rapports complémentaires n° 14/SR du 13 octobre 2011 ET 15/SR du 13 octobre 2011 établis en exécution des arrêts-avant-dire-droit susvisés » ;

« Vu les conclusions du ministère public » ;

« Attendu qu'il ressort des éléments du dossier » :

« Que par l'effet du réaménagement du gouvernement du 08 décembre 2004, en lieu et place du ministère de l'Éducation nationale et du ministère de l'Enseignement technique et de la formation professionnelle, il a été créé deux ministères : le ministère de l'Éducation de base et le ministère des Enseignements secondaires » ;

« Que pendant la période de leur mise en place, il a été créé un comité de suivi des activités relatives au déroulement des examens des sessions 2005-2006, dans lequel Monsieur MINKONGO Thomas Louis en sa qualité de directeur des ressources financières et matérielles du MINESEC assurait l'intendance » ;

« Que plus tard, la mission mobile de vérification des services du Contrôle supérieur de l'État auprès du MINESEC a relevé qu'il y a eu des irrégularités dans la perception de certaines indemnités et la gestion des sommes d'argent allouées aux personnalités susmentionnées pour l'organisation des examens des sessions 2005-2006 » ;

« Attendu qu'il s'agit là d'une gestion qui s'est avérée difficile à appréhender du fait de l'émiettement des procédures par personne mise en cause, et ceci parfois en dépit du fait que l'instruction est assurée par un seul rapporteur » ;

« Qu'il apparaît qu'il y a des liens de connexité inextricables entre les trois procédures suivies contre respectivement EFFALA ESSOMBA, ROULY MBILA Jean et MINKONGO Thomas Louis » ;

« Qu'il y a lieu pour une bonne administration de la justice, d'ordonner la jonction des procédures et de statuer par un seul et même arrêt ».

ANNEXE 6
Arrêt n° 5/AD/CSC/CDC/SR du 23 mars 2012, Compte de gestion de la Chambre d'Agriculture, d'Élevage et des Forêts du Cameroun (CHAGRI), Exercices 2004 et 2005

(....)

« Attendu que l'injonction n° 7 de l'arrêt provisoire enjoignait à Mme X d'apporter dans les deux mois qui suivent la notification de cet arrêt la preuve du reversement de la somme de 5 622 694 F CFA à la caisse de la Chambre, au besoin de ses deniers personnels, ou toute autre justification » ;

« Qu'en fait, il était reproché à l'agent comptable le paiement des indemnités relatives aux heures supplémentaires d'un montant de 5 622 694 F CFA en dépit de la note circulaire n° 003/MINFI/B du 03 janvier 2005 portant instruction relative à l'exécution du budget de l'État et des organismes subventionnés qui a suspendu le mandatement des indemnités pour heures complémentaires à l'exception de celles effectuées par le personnel des cabinets des membres du gouvernement et assimilés » ;

« Qu'en réponse, le comptable a produit la décision du président du CHAGRI accordant des indemnités pour heures supplémentaires et une réquisition de paiement n° 0605/CHAGRI/CAB/PDT » ;

« Qu'en conséquence, la réquisition du président du CHAGRI dégage le comptable de sa responsabilité en vertu de l'article 84 de l'ordonnance n° 62/OF/4 du 07 février 1962 portant régime financier du Cameroun. Et conformément aux dispositions de l'article 48 (2) et 52 (2) de la loi n° 2003/005 du 21 avril 2003 fixant les attributions, l'organisation et le fonctionnement de la Chambre des comptes, ce déficit de 5 622 694 F CFA est reporté sur le président de la CHAGRI » ;

« Débet à l'encontre des ayants droit d'ADJIBOLO Philomon de la somme de 5 622 694 F CFA ».

ANNEXE 7
Arrêt n° 78/AD/CSC/CDC/S2 du 06 juin 2012, Compte de gestion de la Commune rurale de Mogode, Exercice 2005

(…)

« Attendu que l'examen des pièces justificatives a permis de déceler un cas de gestion de fait au sens de l'article 6 de la loi n° 2003/005 du 21 avril 2003 fixant les attributions, l'organisation et le fonctionnement de la Chambre des comptes de la Cour suprême aux termes duquel : est comptable de fait ''toute personne qui, n'ayant pas la qualité de comptable ou n'agissant pas en cette qualité, s'ingère dans les opérations de recettes, de dépenses, de maniement de valeurs de deniers publics, ceux réglementés ou non réglementés, ainsi que ceux des établissements publics et des entreprises du secteur public ou parapublic'' » ;

« Attendu qu'il résulte des pièces du dossier de procédure que le sieur X, maire de la commune de Mogode, sans être comptable ou préposé aux comptes, a manipulé la somme de 1. 500. 000 FCFA » ;

« Attendu que la procédure initialement suivie contre le receveur municipal vise également le maire » ;

« Qu'il convient pour une bonne administration de la justice de scinder cette procédure en deux par une injonction » ;

Injonction de reversement n° 4 relative à l'absence de décision de déblocage d'argent et du compte d'emploi de l'argent perçu

« Attendu que l'injonction n° 4 de l'arrêt provisoire susvisé invitait le receveur municipal à reverser dans la caisse de la commune le montant de 1. 500. 000 FCFA relatif aux frais de location de véhicule payés sans compte d'emploi ni pièces justificatives de la dépense » ; « Attendu que plus de 12 mois après la notification de l'arrêt provisoire, le receveur municipal n'a apporté aucune justification à ce sujet » ;

« Mais attendu qu'il est établi que cet argent avait été déchargé par Monsieur X à la caisse du receveur municipal et qu'il lui appartenait de fournir au comptable le compte d'emploi appuyé des pièces justificatives de la dépense correspondante » ;

« Que la décision de déblocage ainsi que le mandat de paiement précise que le maire est bénéficiaire de cette importante somme d'argent qu'il va gérer et rendre compte » ;

« Qu'il convient de faire application des dispositions des articles 6, 39, 51 et 53 de la loi n° 2003/005 du 21 avril 2003 fixant les attributions, l'organisation et le fonctionnement de la Chambre des comptes de la Cour suprême qui définissent les conditions dans lesquelles la gestion de fait doit être déclarée ainsi que le report de responsabilité du comptable vers celle de la personne qui a manié les fonds et valeurs sans y être habilitée » ;

« Qu'il ressort de tout ce qui précède que Monsieur X qui a manié cette importante somme d'argent doit pouvoir effectivement rendre compte de l'utilisation de cet argent et, pour ce faire, il convient d'ouvrir une procédure de gestion de fait pour 1. 500. 000 FCFA à son encontre ».

ANNEXE 8
Arrêt n° 4/CSC/CDC/S1/12 du 24 janvier 2012, Déclaration de gestion de fait. Mis en cause BELLO Léonard

(...)

« Attendu qu'il résulte de l'examen du compte de gestion de la circonscription financière du Nord-Ouest pour l'exercice 2005, dont le comptable principal est Monsieur DINGHA Ignatus BAYIN, que Monsieur BELLO Léonard, préfet de Boyo, a courant 2005, sur trois titres de paiement (bon de commande n°s5219491, 5219495 et 5219489) engagé des sommes d'argent en faveur de TUMENTA David pour un montant total de 1. 339. 104 FCFA aux fins de réalisation de certains travaux pour le compte de la sous-préfecture » ;

« Qu'il a cependant perçu ladite somme en lieu et place du prestataire des services, véritable bénéficiaire desdits fonds » ;

« Qu'il s'est, ce faisant, sans en avoir qualité parce que ordonnateur, immiscé dans le maniement des fonds publics » ;

« Attendu qu'en vertu de l'article 6 alinéa 1er et 2 de la loi n° 2003/005 précitée, toute personne qui, n'ayant pas la qualité de comptable ou n'agissant pas en cette qualité, s'ingère dans les opérations de recettes et de dépenses, de maniement des valeurs, de deniers publics, ceux réglementés ou non réglementés, ainsi que ceux des établissements publics et des entreprises du secteur public et parapublic est déclaré comptable de fait et encourt toutes les obligations d'un comptable patent du point de vue des opérations faites par lui et de sa responsabilité personnelle et pécuniaire (...) ».

LISTE DES ARRÊTS, AVIS ET RAPPORTS DE LA CHAMBRE DES COMPTES DE LA COUR SUPRÊME

A. ARRÊTS

1. Arrêt n° 001/CSC/CDC/S3 du 18 février 2009, Compte de gestion de l'Université de Dschang (UDs), Exercice 2004.
2. Arrêt n° 18/CSC/CDC/S3 du 07 juillet 2010, Compte de gestion de l'école d'hôtellerie et de tourisme de N'Gaoundéré, exercices 2004 et 2005.
3. Arrêt n° 94/ADD/CSC/CDC/SR du 30 août 2012, EFFALA ESSOMBA, ROULY MBILA Jean, MINKONGO Thomas Louis, Exercices 3005 et 2006.
4. Arrêt n° 4/CSC/CDC/S1/12 du 04 janvier 2012, Déclaration de gestion de fait. Mis en cause BELLO Léonard.
5. Arrêt n° 78/AD/CSC/CDC/S2 du 06 juin 2012, Compte de gestion de la commune rurale de Mogode, Exercice 2005.
6. Arrêt n° 06/AD/CSC/CDC/S3/12 du 30 mai 2012, Compte de gestion de l'Office National du Cacao et Café (ONCC), exercices 2006 et 2007.
7. Arrêt n° 01/CDR/SR/DBF du 15 février 2024, Mme TSOUNGUI Bleue Régine, Maire de la Commune de Ngomedzap et M. EKANG EKANG Jules, Receveur municipal.

B. AVIS

Avis n° 001/CDC/CSC du 26 novembre 2024 de la Chambre des Comptes de la Cour suprême

C. RAPPORTS

1. Chambre des comptes de la Cour suprême, rapport annuel 2017.

2. Chambre des comptes de la Cour suprême, rapport annuel 2018.

3. Chambre des comptes de la Cour suprême, rapport annuel 2019.

4. Chambre des comptes de la Cour suprême, rapport annuel 2020.

5. Chambre des comptes de la Cour suprême, rapport sur l'exécution de la loi de finances de l'exercice 2021.

6. Chambre des comptes de la Cour suprême, rapport annuel 2021.

7. Chambre des comptes de la Cour suprême, rapport sur l'exécution de la loi de finances de l'exercice 2022.

8. Chambre des comptes de la Cour suprême, rapport de certification du compte général de l'État de l'exercice 2022.

9. Chambre des comptes de la Cour suprême, rapport annuel 2022.

10. Chambre des comptes de la Cour suprême, Audit du fonds spécial de solidarité nationale pour la lutte contre le coronavirus et ses répercussions économiques et sociales, Synthèse, premier rapport, juin 2021.

11. Chambre des comptes de la Cour suprême, Audit du fonds spécial de solidarité nationale pour la lutte contre le coronavirus et ses répercussions économiques et sociales, premier rapport, juin 2021.

12. Chambre des comptes de la Cour suprême, Audit du fonds spécial de solidarité nationale pour la lutte contre le coronavirus et ses répercussions économiques et sociales, deuxième rapport, 2020.

13. Chambre des comptes de la Cour suprême, Audit spécial du fonds spécial de solidarité nationale pour la lutte contre

le coronavirus et ses répercussions économiques et sociales, troisième rapport, 2023.

14. Chambre des comptes de la Cour suprême, rapport d'observations définitives à fin de contrôle des comptes de la Société d'Expansion et de Modernisation de la Riziculture de Yagoua (SEMRY), Exercices 2004-2007.

15. Chambre des comptes de la Cour suprême, rapport d'observation provisoire à fin de contrôle de la Société des Presses et d'Édition du Cameroun (SOPECAM), Exercices 2004 et 2005.

16. Chambre des comptes de la Cour suprême, rapport d'observations définitives à fin de contrôle des comptes d'AYABA HÔTEL, Exercices 2006, 2007 et 2008.

BIBLIOGRAPHIE

I. Ouvrages

AKHOUNE FARHANA, *Le statut du comptable en droit public financier*, Paris, LGDJ, Bibliothèque finances publiques et fiscalité, Préface de Michel BOUVIER, 2008, 467 p.

ATEBA OMBALA (M), *Le contrôle juridictionnel des comptes de la communauté économique et monétaire de l'Afrique centrale*, Yaoundé, CEPER, 2007, 247 p.

BARILI (A) et BOUVIER (M), *La nouvelle gouvernance financière de l'État*, Paris, LGDJ, Collection Systèmes, 2004, 207 p.

BERTUCCI (J-Y) et GROPER (N), *Les grands arrêts de la jurisprudence financière*, Paris, Dalloz, 5e édition, 2007, 437 p.

BIDIAS (B), *Les finances publiques du Cameroun*, Yaoundé, éditions GB, 1982, 1043 p.

DAMAREY (S), *Le juge administratif, juge financier*, Paris, Dalloz—Nouvelle Bibliothèque des Thèses, Préface de Xavier VANDENDRIESCHER, 2001, 338 p.

FABRE (F-J), FROMENT-MEURICE (A), GROPER (N), *Responsabilité des gestionnaires publics devant le juge financier*, Paris, Dalloz, 2009, 489 p.

LEKENE DONFACK (E-C), *Les finances publiques camerounaises*, Paris, Berger-Levrault, 1987, 490 p.

MAGNET (J.), *La Cour des comptes*, Paris, Berger-Levrault, 1965, p. 415 p.

SIETCHOUA DJUITCHOKO (C), *La Chambre des comptes de la Cour Suprême du Cameroun. Les principaux arrêts, avis, rapports de certification du compte général de l'État et rapports d'observations définitives à fin de contrôle commentés*, Yaoundé, éditions Le KILIMANDJARO, 2016, 476 p.

THEBAULT (S), *L'ordonnateur en droit public financier*, Paris, LGDJ, Bibliothèque finances et fiscalité, Préface de Michel BOUVIER, 2007, 387.

II. Articles

ABA'A OYONO (J-C), « De la faute de gestion au détournement de deniers publics en droit public camerounais », *Le NEMRO*, n° 2, 2016, pp. 6-27.

ABANE ENGOLO (P-E), « Pour un ordre juridictionnel financier autonome », in A. KPODA et D. KOROKORO (études réunies), *Mélanges en l'honneur du Professeur Koffi AHANDZI NONOU*, Poitiers, Presses universitaires juridiques de Poitiers, 2019.

AKONO ONGBA SEDANA, « La distinction entre la faute de gestion et détournement de deniers publics en droit public camerounais », *RASJ*, n°1, 2014, pp. 249-287.

ALASSA MONGBAT, « Le régime financier des entreprises publiques au Cameroun. Actualité des règles financières applicables au service public marchand », *Mélanges Etienne Charles LEKENE DONFACK*, Paris, l'Harmattan, vol.2, 2024, pp. 701-721.

BEGNI BAGANA, « Recherches sur la notion de faute de gestion en droit public financier camerounais »,

Juridis Périodique, n° 107, juillet-août-septembre 2016, pp. 120-132.

BERTUCCI (J-Y) et DOYELLE (A), « L'apurement des gestions de fait », *AJDA*, 1998, p. 236.

BIAKAN (J), « Les réformes dans le secteur des entreprises publiques au Cameroun : la recherche de la performance », *Mélanges Etienne Charles LEKENE DONFACK*, Paris, l'Harmattan, vol.2, 2024, pp. 73-81.

CNRS, La Cour des comptes, Histoire de l'Administration française, 1984, 1181 p., particulièrement p. 706.

COLLIN (P), « Etendue et limite des pouvoirs de contrôle des comptables publics », *RA*, n°332, 1er juillet 2001, pp. 730-748.

DESCHEEMAEKER (C), « Gestion de fait », *Jurisclasseur administratif*, 1993, fascicule 1265.

« Comment devient-on comptable de fait ? », Pouvoirs, n° 8, 1991, p. 35.

DESCHEMAEKER (C), « L'examen du compte de la gestion de fait et les condamnations à des amendes », *RFFP*, 1999, n° 66, p. 65-70.

DJEYA KAMDOM (Y-G), « La réforme du contentieux financier public au Cameroun par la loi du 11 juillet 2018 : portée et insuffisances d'un texte », *Gestion et Finances publiques*, 2000/n° 6, pp. 123-128.

DJILA (R), « La répression par le législateur camerounais des fautes de gestion des dirigeants des sociétés d'État », *Miroir du droit*, n° 2, avril-mai-juin 2010, pp. 59-78, notamment p. 57.

FROMENT-MEURICE (A), « La responsabilité des acteurs de la gestion publique en matière budgétaire, financière et comptable : l'heure du bilan », *AJDA*, 2005, p. 714.

GOUDEM LAMENE (B), « La constatation des gestions de fait en droit budgétaire camerounais », *RADSP*, Vol. III, 2015, pp.65-86.

KOUA (E-S), « Affaire Commune de Ngomedzap : la Chambre des comptes de la Cour suprême du Cameroun déclare le Conseil de Discipline budgétaire et Financier incompétent à statuer sur les fautes de gestion », *RAFIP*, n° 25, septembre 2024, pp. 662-671, notamment p. 667.

LASCOMBE (M.), « La dualité fonctionnelle des juridictions financières à la lumière du principe d'impartialité structurelle », *RFFP*, n° 106, avril 2009, p. 212.

LEKENE DONFACK (C-E) et WOAMBE (B), Commentaire de l'arrêt n° 01/CDR/SR/DBF du 15 février 2024, Mme TSOUNGUI Bleue Régine, Maire de la Commune de Ngomedzap et M. EKANG EKANG Jules, Receveur municipal, *Revue africaine de Finances publiques (RAFIP)*, n° 15, 2024, pp. 617-639.

LUDWIG (R), « La nature juridique et l'étendue des attributions de l'ordonnateur secondaire », *RSF*, n° 57, 1965, pp. 667-690.

« Essai sur la réquisition de paiement », *RSF*, octobre-décembre 1967, p. 657.

« Sur certains aspects de la réquisition de paiement », *RSF*, 1975, p.147.

MAGNET (J), « La régularisation de la gestion de fait », *RFFP*, 1999, n° 66, p. 81.

MEKOBE SONE (D), premier Président de la Cour suprême, avant-propos au rapport annuel de la Chambre des comptes de 2018, p. 7.

Avant-propos au rapport annuel de la Chambre des comptes 2019, p. 8.

Avant-propos au rapport annuel de la Chambre des comptes 2020, p. 13.

Avant-propos au rapport annuel de la Chambre des comptes 2021, p. 9.

MEYRONNEINC (J), « La responsabilité spécifique des comptables publics », *R.A*, n° 121, janvier- février 1968, pp. 25-30.

NECTOUX (A), « Sur le refus de paiement opposé par les comptables publics », *RSF*, n° 7, juillet 2006, pp. 4560-464.

NGUIMFACK VOUFO (T), Note sous arrêt n° 01/CDR/SR/DBF du 15 février 2024, Mme TSOUNGUI Bleue Régine, Maire de la Commune de Ngomedzap et M. EKANG EKANG Jules, *RAFIP*, n° 15, 2024, pp. 640-661.

POUJADE (B), « La responsabilité des ordonnateurs en droit public financier : état des lieux », *AJDA*, 2005, p. 703.

SAIDJ (L), « Les rôles respectifs des ordonnateurs et des comptables », *RFFP,* n° 27, 1989, pp.237-263.

SEGUIN (P), « La sanction pénale des fautes de gestion », in *Le cri du contribuable*, 2006, n° 16, p. 5.

SIETCHOUA DJUITCHOKO (C), « ''Les finances publiques camerounaises'' après la réforme de 2018 », *Mélanges Etienne Charles LEKENE*

DONFACK, Paris, l'Harmattan, 2024, vol. 2, pp.211-223.

- « L'appropriation des formalités substantielles par le juge des comptes au Cameroun », *Juridis Périodique*, n° 94, avril-mai-juin 2013, pp. 56-66.
- « L'obligation de production des comptes des comptables publics dans l'office du juge des comptes : un corridor clair-obscur à la Chambre des comptes de la Cour suprême du Cameroun », in *l'Obligation, Études offertes au Professeur Paul-Gérard POUGOUE*, APRODA/l'Harmattan, 2015, pp. 857-873.

« La Chambre des comptes de la Cour suprême, nouveau juge administratif au Cameroun ? », *RJPE*, n° 3, juillet-septembre 2013, pp. 269-286.

VILEMAGNE (O) et GRIMAUD (P), « Responsabilité des comptables et des ordonnateurs : quel impact des pressions subies ? », *AJDA*, 2015, p. 2062.

III. Mémoires et Thèses

ABDOULAYE MAL BOUBA, *La faute de gestion devant le Conseil de discipline budgétaire et financière au Cameroun*, Mémoire de Master en Droit public, Université de Yaoundé II, année académique 2011-2012, 107 p.

BANA (L), *Le régisseur en droit de la comptabilité publique au Cameroun*, Thèse Doctorat/Ph.D, Faculté des Sciences juridiques et politiques, Université de Dschang, 2022, 465 p.

BEYENE BELINGUE (H.F), *La gestion de fait en droit budgétaire camerounais,* Thèse Doctorat/Ph.D, Faculté des Sciences juridiques et politiques, Université de Dschang, 2020, 404 p.

BIMELI AMBANGA (A), *L'approche des organes constitutionnels au Cameroun : contribution à la définition des organismes constitutionnels dans les États d'Afrique noire francophone*, Thèse Doctorat/*Ph.D*, Faculté des Sciences juridiques et politiques, Université de Dschang, 2022, 458 p.

DJEYA KAMDOM (Y-G), *La responsabilité des ordonnateurs dans le système financier public contemporain. Étude comparée des droits camerounais et français,* Thèse de Doctorat/*Ph.D*, Université de Yaoundé II-Soa et Université de Lille, 2019, 601 p.

DONGMO (S), *La décharge de gestion en finances publiques au Cameroun*, Thèse Doctorat/*Ph.D*, Faculté des Sciences juridiques et politiques, Université de Dschang, 2022, 466 p.

FONKOU TESSA (G-U), *Le format des comptes des comptables publics en droit budgétaire camerounais*, Thèse Doctorat/*Ph.D*, Faculté des Sciences juridiques et politiques, Université de Dschang, 2021, 383 p.

KATIA EKASSI (S), *L'institution supérieure de contrôle des finances publiques au Cameroun*, Thèse Doctorat/*Ph.D*, Faculté des Sciences juridiques et politiques, Université de Yaoundé II, 2019, 445 p.

NGO MOMASSO (M), *Le contentieux des gestionnaires des deniers publics en droit public financier au Cameroun*, Thèse Doctorat/*Ph.D*, Faculté des Sciences juridiques et politiques, Université de Yaoundé II, 2019, 426 p.

NGUIMFACK VOUFO (T), *La notion de comptes publics en finances publiques camerounaises,* Thèse Doctorat/*Ph.D*, Faculté des Sciences juridiques et politiques, Université de Dschang, 2015, 817 p.

Législation

Directives CEMAC n°6/11-UEAC-190-CM-22 et n° 01/11-UEAC-190-CM-22 du 19 décembre 2011.

Loi n° 73/07 du 02 décembre 1973 relative au droit du trésor pour la sauvegarde de la fortune publique.

Loi n° 74/18 du 05 décembre 1974 relative au contrôle des ordonnateurs, gestionnaires et gérants de crédits publics et des entreprises d'État telle que modifiée par la loi n° 76/04 du 08 juillet 1976.

Loi n° 2017/010 du 12 juillet 2017 portant statut général des établissements publics.

Loi n° 2017/011 du 12 juillet 2017 portant statut général des entreprises publiques.

Loi n° 2018/011 du 11 juillet 2018 portant code de transparence et de bonne gouvernance dans la gestion des finances publiques au Cameroun.

Loi n° 2018/012 du 11 juillet 2018 portant régime financier de l'État et des autres entités publiques.

Loi n° 2019/024 du 24 décembre 2019 portant code général des collectivités territoriales décentralisées.

Loi n° 2003/005 du 21 avril 2003 fixant les attributions, l'organisation et le fonctionnement de la Chambre des comptes de la Cour suprême.

Décret n° 97/049 du 05 mars 1997 portant organisation et fonctionnement du Conseil de Discipline budgétaire et Financier.

Décret n° 2013/159 du 19 mai 2013 portant régime particulier du contrôle administratif des finances publiques.

Décret n° 2013/287 du 04 septembre 2013 portant organisation des services du Contrôle supérieur de l'État.

Décret n° 2019/320 du 19 juin 2019 précisant les modalités d'application de certaines dispositions des lois n° 2017/010 du 12 juillet 2017 portant statut général des établissements publics et de la loi n° 2017/011 du 12 juillet 2017 portant statut général des entreprises publiques.

Décret n° 2019/321 du 19 juin 2019 fixant les catégories d'entreprises publiques, la rémunération, les indemnités et les avantages de leurs dirigeants.

Décret n° 2019/322 du 19 juin 2019 fixant les catégories d'établissements publics, la rémunération, les indemnités et les avantages de leurs dirigeants.

Décret n° 2020/376 du 07 juillet 2020 portant règlement général de la comptabilité publique.

Arrêté n° 0000200/MINFI du 04 mai 2020 portant classification des établissements publics au Cameroun.

Arrêté n° 0000201/MINFI du 04 mai 2020 portant classification des entreprises publiques au Cameroun.

INDEX ALPHABÉTIQUE

(Les numéros renvoient aux pages)

A

B

C

D

E

F

G

L

O

P

TABLE DES MATIÈRES

Structures éditoriales du groupe L'Harmattan

L'Harmattan Italie
Via degli Artisti, 15
10124 Torino
harmattan.italia@gmail.com

L'Harmattan Hongrie
Kossuth l. u. 14-16.
1053 Budapest
harmattan@harmattan.hu

L'Harmattan Sénégal
10 VDN SICAP AMITIE 3
BP 45034 Dakar-Fann
direction@senharmattan.com

L'Harmattan Cameroun
Tsinga/Derrière polyclinique FECAFOOT
BP 11486 Yaoundé
Jacques.koukam@harmattan.fr

L'Harmattan Burkina Faso
Villa 281, secteur 23 623, rue 14.32
Ouagadougou
zagbie@outlook.fr

L'Harmattan Guinée
Almamya, rue KA 028 OKB Agency
BP 3470 Conakry
harmattanguinee@yahoo.fr

L'Harmattan RDC
185, avenue Nyangwe
Commune de Lingwala – Kinshasa
matangilamusadila@yahoo.fr

L'Harmattan Congo
219, avenue Nelson Mandela
BP 2874 Brazzaville
deunovmikhael@gmail.com

L'Harmattan Mali
Immeuble Mgr Jean Marie Cissé
Aci Hamadallaye
BP 145 Bamako
syllaka@yahoo.fr

L'Harmattan Togo
Djidjole – Maison Amela
face EPP BATOME
02 BP 20680 Lomé
didieramela11@gmail.com

L'Harmattan Côte d'Ivoire
Résidence Karl – Cité des Arts
Abidjan-Cocody
03 BP 1588 Abidjan
harmattan.ivoire@gmail.com

L'Harmattan Bénin
Rue 604, (Immeuble à l'entrée
de la rue UCAO- Cite de Saint-Jean)
Cotonou
stepcorpus@gmail.com

Nos librairies en France

Librairie internationale
16, rue des Écoles
75005 Paris
librairie.internationale@harmattan.fr
01 40 46 79 11
www.librairieharmattan.com

Librairie des savoirs
21, rue des Écoles
75005 Paris
librairie.sh@harmattan.fr
01 46 34 13 71
www.librairieharmattansh.com

www.ingramcontent.com/pod-product-compliance
Lightning Source LLC
LaVergne TN
LVHW021219061026
849535LV00008B/2810